액세서리 만들기부터 스타일링 팁까지

나의 사계절 액세서리

지은이 박두리
펴낸이 정규도
펴낸곳 황금시간

초판 1쇄 발행 2017년 5월 15일

편집 김지하, 권명희
디자인 스튜디오 고민
사진 김하영
모델 고진

황금시간
Golden Time

주소 경기도 파주시 문발로 211
전화 (02)736-2031(내선 363)
팩스 (02)6677-7775

출판등록 제 406-2007-00002호
공급처 ㈜다락원
구입문의 전화: (02)736-2031(내선 250~252) 팩스: (02)732-2037

값 13,000원
ISBN 979-11-87100-40-9 13630

http://www.darakwon.co.kr
· 다락원 홈페이지를 통해 주문하시면 자세한 정보와 함께 다양한 혜택을 받으실 수 있습니다.
· 기타 문의사항은 황금시간 편집부로 연락 주십시오.

MY FOUR SEASONS
ACCESSORIES

나의 사계절 액세서리

박두리 지음

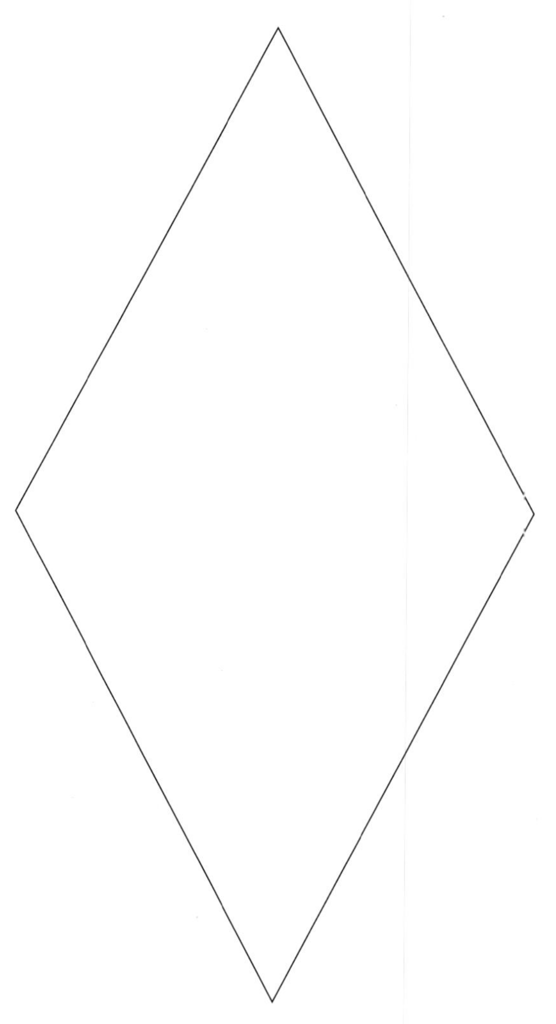

Spring / Summer / Autumn / Winter

작가의 말

어렸을 때, 집에 '어린이를 위한 쉬운 과학책 시리즈'가 있었습니다. 저는 그 중에서도 '광물'편을 가장 좋아했는데, 왜인지는 모르겠지만 탄생석과 각종 광물 및 원석의 이름을 외우는 것이 좋았습니다.

시간이 지나 20대가 되었을 때, 스마트폰을 처음 갖게 되면서 사진을 모으는 것이 일과가 되었습니다. 마음에 드는 사진들을 저장하다보니 약 50,000장에 이르는 저만의 아카이브가 만들어지게 되었지요. 인물, 사물, 풍경 등 주제에 상관없이 마음에 드는 사진을 저장하던 가운데, 제 시선을 사로잡은 것은 바로 원석이었습니다. 특히 정제되지 않은 거친 느낌의 수정 사진을 보면 무조건 저장하고 모았습니다. 아마도 어릴 적 광물 책에서 느꼈던 '겉은 거칠지만 속은 반짝이는' 광물과 원석의 매력에 다시금 끌렸던 것 같아요.

그러나 예쁘다고 생각하는 사진들은 주로 외국 자료들이었습니다. 사진에서 본 것과 비슷한 액세서리를 찾아 헤맸지만 우리나라에서는 좀처럼 구하기 어려웠지요. '차라리 직접 만들어보자!' 액세서리 만드는 일에 푹 빠지게 된 계기였습니다. 원래 손으로 뭔가 만드는 것을 좋아해 근거 없는 자신감으로 재료와 도구들을 마련했습니다. 처음에는 어떻게 하는지 몰라 인터넷으로 국내외 자료를 몽땅 뒤져가며 연구했습니다. 실수도 많았고, 재료를 많이 버리기도 했지요. 하지만 혼자 궁리해가며 하나씩 해나가게 되는 것에 묘한 쾌감이 있었습니다. 액세서리를 만드는 정석적인 방법이 어딘가에 있을 수 있겠지만, 저는 저만의 노하우를 쌓아가는 것이 즐거웠습니다.

액세서리를 만드는 것이 취미가 되자 가장 좋은 점은 내가 착용하고 싶은 액세서리를 가질 수 있다는 점이었습니다. 내 취향에 맞게 깔끔하고 심플한 멋을 살린 액세서리를 만들어 하고 다니는 것이 하나의 재미가 되었죠. 친구들에게 선물할 수 있다는 것 또한 큰 장점이었습니다. 액세서리를 받고 싫어하는 친구는 없으니까요! 친구의 이미지와 어울리는 원석을 골라 목걸이나 팔찌를 만들어주면 모두들 기뻐했습니다. 그 친구를 위해 만든, 세상에 하나뿐인 액세서리이니까요.

취미삼아 시작한 것이었지만 점점 더 많은 원석을 다루고 싶었고, 새로운 디자인을 하고 싶어졌습니다. 혼자서 만들던 것을 블로그와 SNS에 업로드를 하게 되었고, 좋은 반응들을 얻게 되어 'A for Accessories'라는 브랜드를 론칭하며 여기까지 오게 되었습니다.

처음 액세서리를 만들겠다고 했을 때 느꼈던 막막함을, 새로운 취미를 시작하는 누군가도 느끼고 있지 않을까 하는 생각이 들었습니다. 좋은 기회에 정말 친절한 책을 내고 싶었습니다. 부족하지만 제가 수년간 여러 자료들을 보며 배우고 알아낸 것들을 공유하고 싶었습니다. 기초 중의 기초부터, 하나부터 열까지 더 쉽고 자세하게 알려주는 책을 만들고 싶었습니다. 작은 팁 하나까지도 빠짐없이 담기 위해 노력했습니다.

나만의 액세서리 만들기를 시작하는 분들에게 이 책이 하나의 참고서가 되었으면 하는 바람입니다. 이 책을 보면서 많이 연습하고, 많이 실패하고, 많이 버리시길 바랍니다. 손에 익기만 하면 금방 익숙하게 만들고 있는 자신을 발견하게 될 것입니다.

이 책이 나오기까지 많은 일이 있었습니다. 10년 동안 함께 지냈던 강아지 '빈'이가 세상을 떠난 다음 날, 책을 집필하게 되었다는 연락을 받았습니다. 빈이가 마지막으로 제게 주고 간 선물이라 생각하고 밤낮 가리지 않고 최선을 다해 집필에 임했습니다. 그리고 이렇게 멋진 책을 낼 수 있게 되었네요! 책을 출간할 수 있는 좋은 기회를 주신 황금시간 출판사 여러분들께 감사드립니다. 까다로운 저자 때문에 많이 고생하신 편집자님께도 감사드립니다. 또한 책이 출간된다고 함께 기뻐해주고 지지해주던 가족들과 친구들에게도 감사하고 사랑한다는 말을 전하고 싶습니다.

마지막으로 이 책을 보고 계신 여러분들에게도 감사드립니다. 세상에 하나뿐인 여러분만의 액세서리를 만드는 그 첫걸음에 함께할 수 있어 영광입니다. 액세서리를 만들다가 막히면 언제든 A for Accessories 홈페이지 www.aforacc.com 로 오셔서 질문하셔도 좋습니다. 그리고 여러분들이 책을 보며 완성한 제품을 함께 공유해주신다면 제게는 큰 기쁨일 것입니다.

박두리 | Contact | 홈페이지 www.aforacc.com
블로그 blog.naver.com/aforacc
인스타그램 aforacc365

Contents

3. My Accessories 나만의 액세서리 만들기

Spring

Summer

Autumn

Winter

4. Q&A   질문과 답변   136

Preview.

Drop Bracelet
Spring / 48p

Rose Quartz Unbalanced Earring
Spring / 52p

Cherry Blossom Bracelet
Spring / 56p

Moonstone Inca Rose Urethane Bracelet
Spring / 64p

Grapefruit Amber Necklace
Spring / 60p

Amethyst Necklace
Summer / 70p

Hexagon Anklet
Summer / 74p

Love Pair Bracelets
Summer / 78p

Rose Disc Urethane Bracelet
Summer / 82p

Green Onyx Bracelet
Summer / 86p

Amethyst Bracelet
Autumn / 92p

Rutilated Quartz Ring
Autumn / 96p

Pearl Bracelet for Layering
Autumn / 100p

Garnet Earring
Autumn / 104p

Smoky Quartz Necklace
Autumn / 108p

Three-stepped Earring
Winter / 114p

Green Onyx Ring
Winter / 118p

Silk Thread Necklace
Winter / 122p

Double Layered Choker
Winter / 126p

Winter Necklace
Winter / 132p

1. Material

재료 소개

Gemstone / Metal / Parts / Tools

1. 원석

사전적 의미의 원석Gemstone은 가공하지 않은 천연 그대로의 보석을 의미합니다.
이 원석을 액세서리에 활용할 수 있도록 최소한의 가공을 한 형태를
나석Loose stone이라고 합니다. 그러나 우리나라에서는 '원석'과 '나석'을
구분하지 않고 이 둘을 모두 '원석'이라고 부르는 것이 일반적입니다.
이 책에서도 '나석'을 포함한 모든 종류의 원석을 '원석'이라고 부르고 있습니다.

원석의 형태

원석은 가공 방식에 따라 다양한 형태로 불립니다.
각 형태의 명칭을 알아두면 원석을 구매할 때 도움이 됩니다.

라운드 Round
흔히 볼 수 있는 동그란 구 형태입니다.

오 벌 Oval
타원형 모양을 말합니다.

드 롭 Drop
물방울 형태를 말합니다.

원 통 Barrel
윗부분과 아랫부분이 좁고 가운데 부분이 통
통하여 항아리를 떠올리게 하는 원통 형태를
말합니다.

칩 Chips
원석을 불규칙하게 썬 형태로, '자갈'이 연상
되는 모양이 특징입니다. 다른 원석들에 비해
작은 편입니다.

너 깃 Nugget
원석을 큼지막하게 썬 형태로, 불규칙한 모
양이 특징입니다. 다른 원석들에 비해 큰 편
입니다.

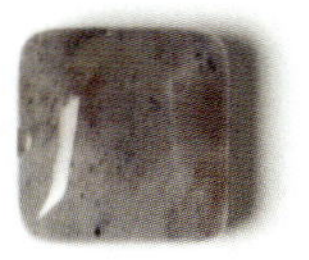

스 퀘 어 Square
사각형 모양을 말합니다.

큐 브 Cube
스퀘어가 사각형이라면, 큐브는 정육면체
입니다.

디 스 크 Disc
CD처럼 납작하게 눌린 원 모양입니다.

론 델 Rondelle
납작한 구 형태의 원석에서 넓은 면적 가운
데에 수직으로 구멍을 뚫어놓은 형태를 말
합니다.

튜 브 Tube
일자 막대기처럼 보이는 원통형을 말합니다.
원통의 두 끝 부분을 관통하는 구멍에 연결 부
속품을 끼워 넣어 사용합니다.

카 보 숑 Cabochon
뒷면은 평평하고 앞면은 돔처럼 볼록한 모양
으로, 캐보숑 또는 캐보션이라고도 불립니다.
평평한 뒷면에 접착제를 펴 바르기 쉬워, 어
디에나 부착하기 좋습니다. 귀걸이나 브로치,
반지 등에 주로 활용됩니다. 카보숑에는 구멍
이 없는 경우가 일반적이므로 구멍이 필요하
다면 구매할 때 반드시 확인하세요.

커 팅 Cutting

수많은 면으로 다듬어진 형태를 이릅니다. 커
팅된 면에 빛이 반사되어 움직일 때마다 반
짝이는 것이 특징입니다. 앞에서 소개된 원
석 형태에 커팅이 들어가면 각각 커팅 라운
드, 커팅 오벌, 커팅 드롭, 커팅 큐브, 커팅 론
델 등으로 불립니다.

플 랫 Flat

눌린 듯 납작한 형태를 말합니다. 앞에서 소
개된 원석 형태들이 납작하게 제작되면 각각
플랫 오벌, 플랫 드롭 등으로 불립니다.

Shop

오프라인 : 동대문 종합시장 5층, 남대문 남정상가 등
온라인 : 엔조이비즈(gemmarket.co.kr), 비즈담(beadsdam.com),
비즈조이(beadsjoy.co.kr), 루비스(rubys.co.kr) 등
(원석 구매에 대한 자세한 Tip은 p.138을 참고하세요.)

Price

낱개 : 500~4,000원
1줄 : 3,000~100,000원

2. 금속

금 Gold

금은 공기나 물에 변하지 않으며 인체에 해롭지 않아 알레르기 반응도 일으키지 않는 금속입니다.

순금의 함량에 따라 24K, 18K, 14K로 나뉩니다. 24K는 순금 99.99%를 의미합니다.

18K는 75%의 순금을 25%의 은, 동, 팔라듐 등의 다른 금속과 합금한 것을 말하며,

14K는 58.5%의 순금과 41.5%의 다른 금속들로 이루어져 있습니다. 합금 과정을 거치는 18K와

14K는 은, 동, 팔라듐의 비율에 따라 화이트골드, 옐로골드, 핑크골드 등 다양한 색을 냅니다.

Tip
24K 제품에는 '24K' 혹은 순금 99.99%를 의미하는 '999'가 새겨져 있습니다.
마찬가지로 18K 제품에는 '18K' 혹은 순금 75.0%를 의미하는 '750'이,
14K 제품에는 '14K'나 'K14', 혹은 순금 58.5%를 의미하는 '585'가 각인되어 있습니다.

은 Silver

은은 금과 마찬가지로 인체에 무해하지만, 공기나 물, 땀 등에 색이 변하는 특징을 갖고 있습니다.

은은 크게 순은과 정은으로 나뉩니다. 순은은 파인 실버Fine Silver라고 불리며, 은 함량 99.9%를

말합니다. 스털링 실버Sterling Silver, 표준은Standard Silver, 실버 92.5 등 다양한 명칭으로 불리는

정은은, 순은의 무른 성질을 보완하고자 순은 92.5%에 다른 금속 7.5%를 합금한 것을 말합니다.

은의 변색을 막기 위해 최근에는 정은 위에 백금도금을 입혀 반짝임은 더하면서도 쉽게

변색되지 않도록 보완한 제품이 나오고 있습니다. 이중에서도 특히 알레르기 걱정을

최소화할 수 있는 무(無)니켈 백금 도금을 추천합니다.

Tip
순은 제품에는 'Fine Silver 99.99' 혹은 'Silver 99.99'라는 각인이 있습니다.
정은에는 순은 92.5%를 의미하는 '925', 'Silver 925', 'SV925' 등이 각인되어 있습니다.

황동 Brass

황동은 구리에 아연을 섞은 합금 소재로, 우리에게는 '신주'라는 이름으로 더 익숙합니다.
(신주는 '황동'의 일본식 발음입니다.) 금속 알레르기를 유발하므로 황동 그대로는
착용할 수 없고, 금 혹은 백금을 씌우는 '도금' 처리를 한 후 액세서리로 활용됩니다.
착용을 위해 도금된 황동 소재를 구매할 때에는 '무(無)니켈 도금'이 된 제품을 사용하는 것이
좋습니다. 알레르기 반응을 일으키는 주성분이 니켈이기 때문에 무니켈 도금 처리가 된 황동은
금속에 극히 민감하지 않다면 알레르기 반응을 잘 일으키지 않습니다.

Tip 무(無)니켈 도금이 아닌 경우에는 도금이 되어있다고 해도 착용하다 보면 금세 도금이 벗겨져 간지러움,
발진 등을 유발할 수 있으니 조심하세요. 저렴하게 도금된 제품은 연습할 때 사용하기를 추천합니다.

서지컬 스틸 Surgical Stainless Steel

정식 명칭은 '316L Surgical Stainless Steel'입니다. 피어싱, 임플란트, 수술 도구 등에
사용하기 위해 만들어진 소재인 만큼, 안전하고 튼튼하다는 장점이 있습니다.
또한 저렴하고 물과 땀에 의한 변색이 없으며 알레르기 반응도 전혀 일으키지 않아,
각광받고 있는 소재입니다.
은보다 살짝 어두운 색을 띠며, 서지컬 스틸을 소재로 한 체인과 부속품들이
다양한 디자인으로 시중에 출시되어 있습니다. 금, 은, 황동보다 훨씬 튼튼하고 단단해
서지컬 스틸을 다룰 때에는 많은 힘은 물론, 별도의 도구가 필요합니다.

Tip 서지컬 스틸 제품에는 316L Surgical Stainless Steel의 줄인 표현인 숫자 '316'이 새겨져 있습니다.

3. 부속품

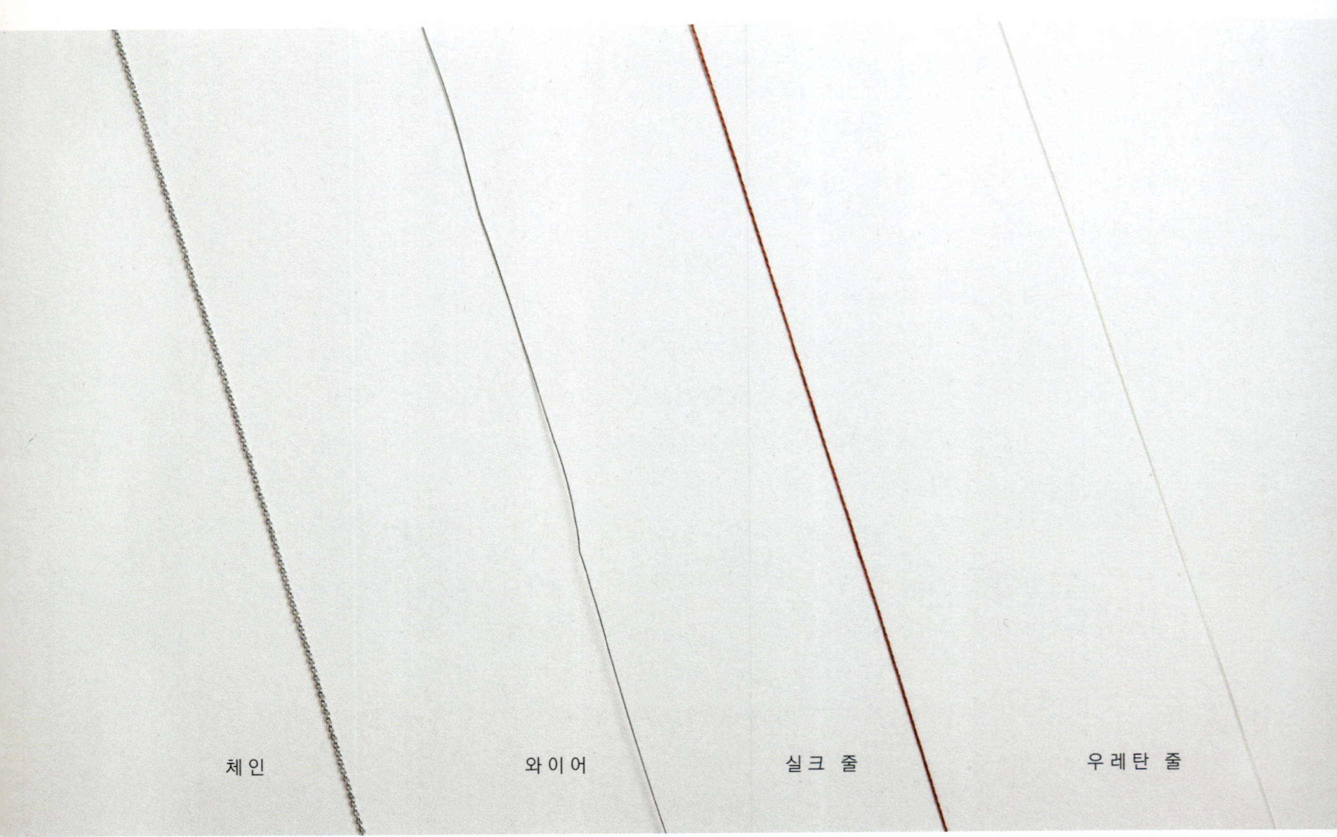

모든 금속 부속품들은 은, 황동, 서지컬 스틸 등 다양한 금속으로 제작됩니다.

자주 사용하는 부속품에는 ◇ 표시를 해두었습니다.

체인 ◇

원석에 비해 사소하게 느껴지지만 액세서리의 분위기를 좌우하는 중요한 재료입니다. 시중에 다양한 체인이 나와 있으므로 만들고자 하는 액세서리의 디자인을 고려하여 어울리는 체인을 골라야합니다.

체인은 굵기에 따라 작게는 100, 크게는 300까지의 단위로 나뉩니다. 숫자가 작을수록 얇으며, 클수록 굵습니다. 개인적으로는 230~245를 자주 사용합니다. 굵기가 얇아 원석 하나만 매치해도 심플한 멋을 연출할 수 있기 때문입니다.

체인을 고를 때는 그 체인의 내경(안쪽 지름)을 잘 살펴봐야 합니다. 만들고자 하는 디자인에 따라 체인 구멍에 T핀, O링 등의 부속품을 연결해야 할 때가 있으므로 체인의 내경에 부속품이 들어갈 수 있는지를 먼저 가늠해야 합니다. 재료를 구매할 때, 선택한 체인에 어떤 굵기의 T핀과 O링이 통과되는지 확인하세요.

와이어

와이어에는 강성Hard과 연성Soft이 있는데, 각각의 용도가 다릅니다. 먼저 강성 와이어는 잘 구부러지지 않고 탄성이 강한 것이 특징입니다. 굵은 강성 와이어로는 반지 등을 만들 수 있습니다. 하지만 와이어를 마는 작업을 하면 강성 와이어는 쉽게 부러집니다. 이럴 때는 연성 와이어를 사용합니다. 연성 와이어는 손쉽게 촘촘히 말려서, 루핑(p.36)에 사용하거나 핀이 원석에 들어가지 않는 경우에 많이 사용합니다. 간혹 원석 중에는 핀을 넣는 구멍이 아주 작게 나 있는 경우가 있습니다. 이럴 때는 무리하게 핀을 집어넣기보다는 굵기 0.3mm 정도의 얇은 연성 와이어를 사용해보세요. 쉽게 원석을 통과할 수 있습니다. 와이어는 은과 도금 황동 등의 다양한 소재로 만들어지므로 구매 전에 잘 알아봐야 합니다.

줄

실크 줄

실크로 된 얇은 줄입니다. 얇고 부드러워 피부에 자극이 가지 않으며, 다양한 색상이 있어서 선택의 폭이 넓습니다. 하지만 물이나 땀에 젖으면 변색의 우려가 있기 때문에 여름에는 착용을 추천하지 않습니다. 실크 줄을 구하기 어려운 경우에는 '인견 줄'을 추천합니다. 인견은 인공적으로 실크의 느낌을 낸 소재로 실크처럼 부드럽습니다. 또한 수분을 흡수하고 내뱉는 것이 빨라 몸에 잘 달라붙지 않습니다.

우레탄 줄

고무줄처럼 탄성이 있어 늘어나는 팔찌를 만들 때 주로 사용합니다. 우레탄 줄을 사용할 때에도 굵기를 유의해야 합니다. 지름 1~5mm 정도의 작은 원석은 0.5mm 두께의 우레탄 줄을 사용해야 합니다. 작은 원석 중에서도 구멍이 유난히 작은 경우에는 0.4mm의 우레탄 줄을 사용하기도 합니다. 반대로 7~10mm 이상의 지름을 가진 원석을 엮을 때에는 0.6mm 이상의 굵은 우레탄 줄을 사용해야 원석의 무게를 잘 버티며 쉽게 끊어지지 않습니다.

핀

T 핀 ◇
정식 명칭은 헤드 핀(Head Pin)이지만, 모습이 알파벳 T를 닮아 흔히 T
핀이라고 불립니다. 원석을 체인과 연결할 때 주로 사용합니다. 굵기와
길이에 따라 분류되는 T핀은 종류가 무척 다양합니다. 그중에서도 어느
원석에나 쉽게 통과될 수 있도록 만들어진, 굵기 0.5mm 길이 30mm
의 T핀이 가장 많이 사용됩니다.

9 핀
정식 명칭은 아이 핀(Eye Pin)이지만, 숫자 9를 닮아 9핀이라고 불립니다.
원석들을 서로 연결하거나 원석과 체인을 연결하기 위해 사용합니다. T핀
으로 9자말이를 할 수 있다면 굳이 9핀은 없어도 괜찮습니다.

링

C 링
알파벳 C를 닮은 타원형 링입니다. O링에 비해 굵기가 얇아 활용도
가 높습니다. O링이 지나가기 힘든 체인에 C링이 통과하는 경우가 많
기 때문입니다. 각종 부속품과 체인을 자연스럽게 연결하는 데 주로
활용합니다.
대부분의 체인을 무난하게 통과할 수 있는 굵기0.5mm, 가로3mm x
세로3.5mm 사이즈가 가장 많이 사용됩니다. 작은 크기 덕분에 링을 달
았을 때 무척 자연스럽기 때문입니다.

O 링 ◇
O링은 말 그대로 알파벳 O를 닮은 원형 링입니다. 형태가 안정감 있
으며 C링에 비해 굵고 튼튼합니다. 길이 연장 체인(p.38 참고)에 주
로 사용되고 경우에 따라서는 액세서리 디자인의 주요 요소가 되기도
합니다.
0.6mm~1mm의 굵기와 3mm~7mm의 직경 사이에서 다양한 O링이
만들어집니다. 굵기가 다양한 만큼, 사용하려는 체인에 어떤 굵기의 링
이 통과하는지 미리 알아보는 것이 좋습니다.

금속 부자재

금 속 펜 던 트
흔히 알고 있는 장식용 펜던트를 말합니다. 펜던트 전체가 금속인 경우
도 있고, 금속 위에 원석이나 큐빅, 글라스(여러 가지 색으로 착색한 유
리) 등이 올라간 것도 있습니다. 금속 펜던트에는 고리 하나가 달려있는
데, 열고 닫을 수 있도록 살짝 틈이 있거나 열지 못하게 막혀있습니다.
열려있는 고리는 평집게로 살살 열고 닫아 활용합니다. 힘을 많이 주면
고리가 뚝 떨어져 펜던트를 사용하지 못하게 될 수 있으니 조심스럽게
열고 닫는 것이 중요합니다. 고리가 막혀있는 경우에는 고리에 O링이
나 C링을 연결해서 사용합니다.

금 속 커 넥 터
고리가 두 개 이상 달린 펜던트를 말합니다. 기본적으로 두 개의 고리
가 달려있어, 양쪽 고리에 체인을 연결할 수 있도록 만들어져 있습니
다. 디자인적 요소로서 3~4개의 고리를 갖고 있는 커넥터도 있습니다.

금 속 론 델
원석 론델(p.15 참고)과 비슷하지만, 디자인이 훨씬 다양합니다. 장식
적인 요소로 사용됩니다.

클 램 프
줄을 활용해 액세서리를 만드는 경우, 줄을 감싸 마무리한 뒤 이를 잠금
장치나 체인과 연결하기 위해 사용합니다. 클램프를 줄에 딱 맞게 오므
리기 위해서는 줄의 굵기를 먼저 확인해야 합니다.

지 프
클램프와 비슷한 용도로, 줄 끝을 마감하고 이를 잠금장치나 체인과 연
결하기 위해 사용합니다. 지프로는 와이어도 마무리 할 수 있다는 점이
클램프와 다릅니다.

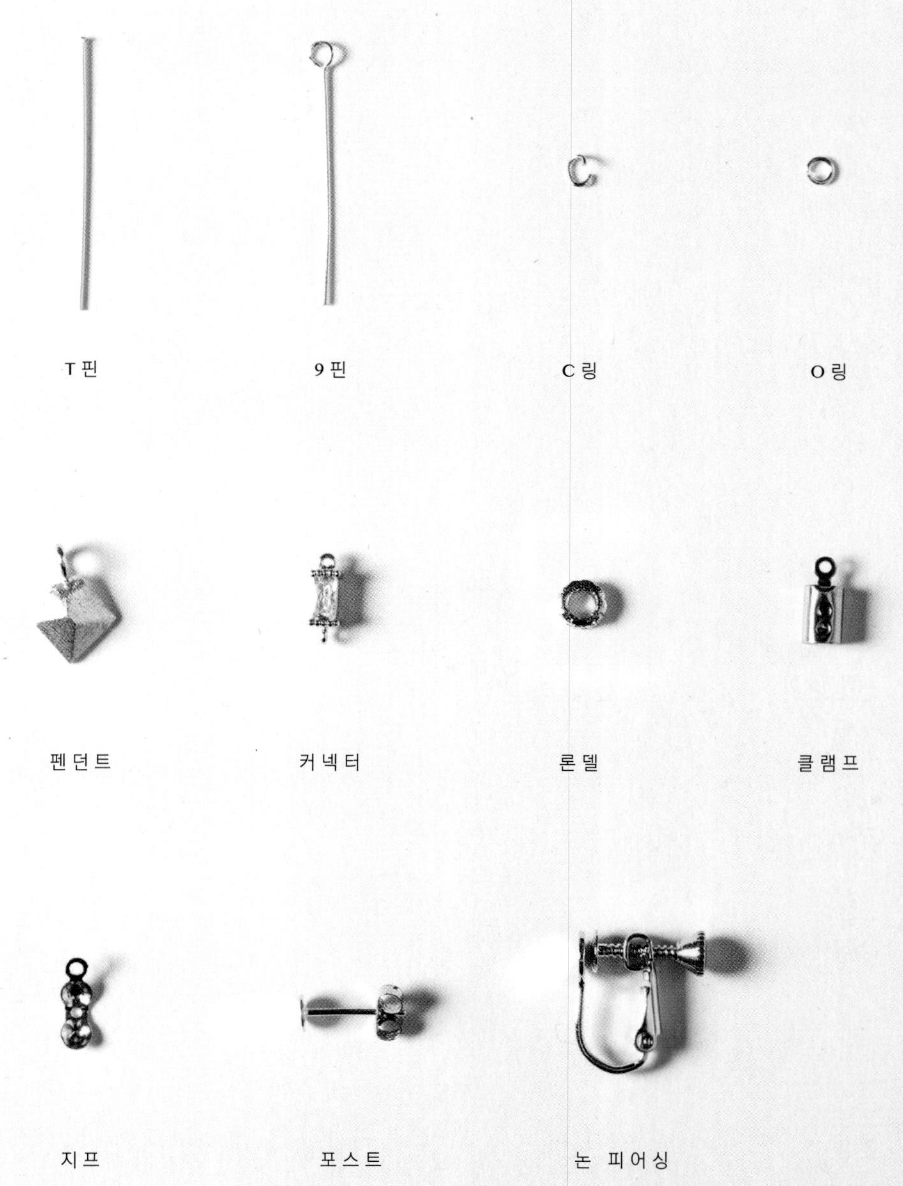
T 핀
9 핀
C 링
O 링
펜던트
커넥터
론델
클램프
지프
포스트
논 피어싱

귀걸이 부속품

포 스 트

귀걸이 침을 말합니다. 일반적인 포스트는 일자로 된 침이 둥근 판에 붙어있는 형태로, 압정이 연상되는 모양입니다. 포스트의 둥근 판에 카보숑 형태의 원석과 같이 부착면이 평평한 장식을 붙이면 귀에 딱 붙는 귀걸이를 만들 수 있습니다.

포스트에 볼이 붙어 있으면 볼 포스트, 큐빅이 있으면 큐빅 포스트라고 부릅니다. 볼 포스트나 큐빅 포스트에는 작은 링이 붙어있어, 그 밑에 원석 등을 달아 다양하게 활용이 가능합니다.

귀 뒷면을 막아주는 클러치는 포스트의 세트입니다. 클러치는 보통 포스트와 같은 금속 소재로 만들어지지만, 기호에 따라 실리콘으로 만들어진 클러치를 사용하기도 합니다.

논 피 어 싱

논 피어싱(Non Piercing)은 귀를 뚫지 않은 사람들을 위한 귀걸이 부속품입니다. 클립형, 귀찌형 등의 형태가 있습니다. 그동안 귀를 뚫지 않아 예쁜 귀걸이를 착용하기 어려웠다면 논 피어싱으로 나만의 귀걸이를 만들어보세요.

Shop

오프라인 : 동대문 종합시장 5층
온라인 : 인비드(inbead.co.kr) 등
(금속류 부속품 구매에 대한 자세한 Tip은 p.139을 참고하세요.)

Price

부속품 : 요소마다 각각 1,000~2,000원대
논 피어싱 : 무(無)니켈도금 황동 2,000원대, 정은 6,000원대

클래습 ◇

클래습Clasp은 '걸쇠를 걸어 잠그다'라는 뜻으로, 목걸이나 팔찌 등에 쓰이는 잠금 장식을 말합니다.
형태에 따라 붕어 장식, SR 장식, 랍스터, A바 등이 있습니다. 이외에도 장식적인 형태를 활용해
디자인적 요소로 쓰이는 클래습도 있습니다.

S R 장 식
'Spring Ring Clasp'의 줄임말로 SR 장식이라고 불리는 이것은, 스프
링으로 열고 닫는 작은 원형 잠금 장치입니다. 크기가 작고 잠금 부분이
얇아 얇은 체인에 잘 어울립니다.

붕 어 장 식
가장 쉽게 찾아볼 수 있는 유형입니다. 스프링 방식이며, 보통이나 두꺼
운 사이즈의 체인에 잘 어울립니다.

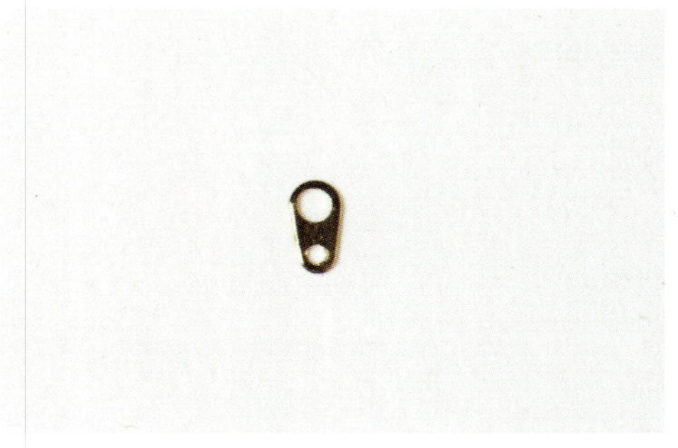

랍 스 터 장 식
바닷가재의 집게발처럼 생겼다고 해서 붙여진 이름입니다. 쉽게 구할
수 있는 클래습으로, 스프링 방식의 잠금 장치입니다.

A 바
SR 장식, 붕어 장식, 랍스터 잠금 장식을 걸기 위해 반대편 체인 끝에
연결하는 것으로, 필수적인 것은 아닙니다. 체인의 끝을 O링으로 마감
해도 좋고, A바로 마감해도 좋습니다.

4. 도구

꼭 필요한 도구에는 ◇ 표시를 했습니다.

평집게 ◇

플랫 노즈 플라이어Flat Nose Plier라고도 합니다. 핀이나 O링 등을 쉽게 집거나,
링을 매끄럽게 열고 닫기 위해 사용합니다.

9자말이 집게 ◇

라운드 노즈 플라이어Round Nose Plier라고도 합니다. 꼿꼿한 T핀을 '9'모양으로 말 때 사용하는
도구입니다. 종류는 두 가지로, 한쪽 집게면만 둥글게 만들어진 것과 양쪽 모두 둥근 것이 있습니다.
초보자가 사용하기에는 한쪽만 둥근 것이 편리합니다.

니퍼 ◇

다이애거널 플라이어Diagonal Plier라고도 합니다. 체인이나 핀 등을 잘라내는 데 사용합니다.
깔끔하게 자르기 위해서는 날카롭고 질 좋은 제품을 사용하는 것이 좋습니다.

Tip
서지컬 스틸을 다룰 때는 니퍼를 따로 하나 더 구매해 금, 은, 황동을 자르는 니퍼와 구분해서 사용하세요.
쉽게 잘리는 금, 은, 황동에 비해 서지컬 스틸은 매우 단단합니다. 한 번에 자르는 대신 여러 번 잘근잘근 무는 느낌으로 자르는 것이
요령입니다. 하지만 이런 방법으로 니퍼를 사용하다 보면 니퍼의 이가 나가게 됩니다. 이렇게 이가 나가서 울퉁불퉁한 니퍼로는
은이나 황동이 지저분하게 잘립니다. 서지컬 스틸용 니퍼를 금, 은, 황동용 니퍼와 따로 사용하는 까닭입니다.

바늘평집게

집게면 한쪽에 날카로운 바늘이 달린 평집게를 말합니다. 체인의 내경이 좁아 T핀이나 C링 등이
체인을 통과하지 못하는 경우, 체인의 내경을 살짝 넓혀주기 위해 사용합니다.

평집게

9자말이 집게

니퍼

바늘평집게

자

핀

자 ◇

작업 전 정확한 길이를 측정하기에 좋습니다.

핀

국소한 부위에 접착제를 바를 때 필요합니다.

접착제 ◇

록 타 이 트 4 0 1
흔히 볼 수 있는 액체형 순간접착제입니다. 빨리 굳는 특징이 있어 신속
히 마무리해야 하는 우레탄 줄 팔찌를 만들 때 적합합니다. 사용할 때는
종이에 조금씩 덜어두고 핀으로 바르거나, 우레탄 줄에 직접 묻히는 방
식이 가장 편리합니다. 문구점에서 쉽게 구입할 수 있습니다.

E 6 0 0 0
실리콘처럼 말캉말캉한 질감입니다. 실리콘 덩어리를 늘어뜨리며 떼는
것과 유사한 사용법 때문에 떼는 과정에서 생기는 얇은 실들을 잘 제거
해주어야 합니다. 우레탄 줄에는 사용이 어렵고 금속에 사용하기 쉬운
편입니다. 이물질이 묻어 금속이 미끄러울 경우에는 접착제가 잘 발리
지 않으니 접착면을 깨끗이 한 뒤 발라야 합니다.

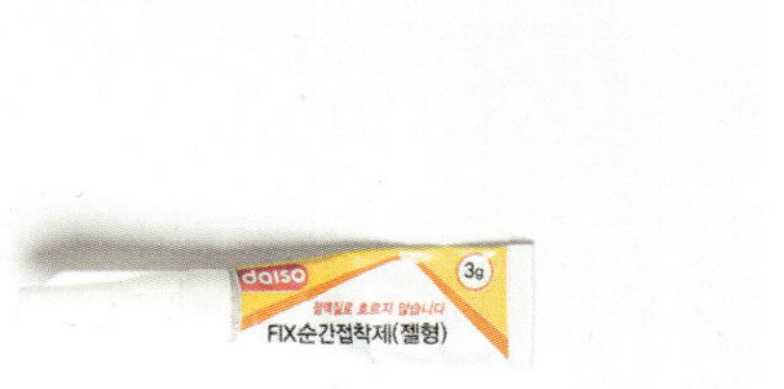

다 이 소   순 간 접 착 제
금속에 사용하기 좋은 접착제로, 저렴한 가격으로 쉽게 구할 수 있습니
다. 액체형보다 젤형이 사용하기에 좋습니다. E6000의 미끈거리는 느
낌이 싫다면 이 제품을 추천합니다.

록 타 이 트   플 렉 스 젤
록타이트 401이 빠르게 붙지만 점성이 없는 액체형이라 금속에 바르
기 힘들었다면, 록타이트 플렉스젤은 그 점을 보완한 젤형의 순간접착
제입니다. 젤형이라고 해도 E6000보다는 묽은 편이지만 빠르고 강력
한 접착력 때문에 편리합니다.

	가 격	점 성	접 착 력	사 용 적 합 한 소 재
록타이트 401	3~4,000원대	액체처럼 묽음	★★	우레탄 줄
E6000	5~6,000원대	되직함	★	금속-원석
다이소 순간접착제	1,000원대	너무 되직하지 않은 젤형	★★	금속-원석
록타이트 플렉스젤	3~4,000원대	약간 묽음	★★★	금속-원석

| Shop | 오프라인 : 공구상점, 동대문 종합시장 5층, 다이소 등
온라인 : 인비드(inbead.co.kr), G마켓(gmarket.co.kr) 등 |

| Price | 집게와 니퍼류 : 각 3,000원대
접착제 : 1,000~5,000원대 |

2. Basic Step

만들기 전에

1. 기본기 익히기

본격적으로 액세서리를 만들기 전에 기본기를 익히는 것이 중요합니다.

도구와 부속품의 사용법과 유용한 팁을 소개합니다.

C링과 O링

체인이나 핀 등의 다른 부속품과 링을 연결하기 위해서는 C링과 O링을 자유롭게

여닫을 수 있어야 합니다. 평집게만 있으면 C링과 O링 모두를 편리하게 열고 닫을 수 있습니다.

Tip 평집게로 링을 여닫는 것이 어렵다면 인터넷 쇼핑몰이나 동대문에서 구할 수 있는 'O링 반지'를 이용해보세요.

링 열 기

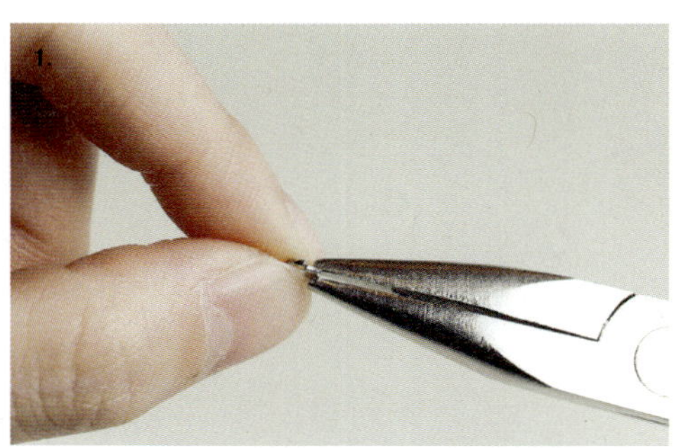

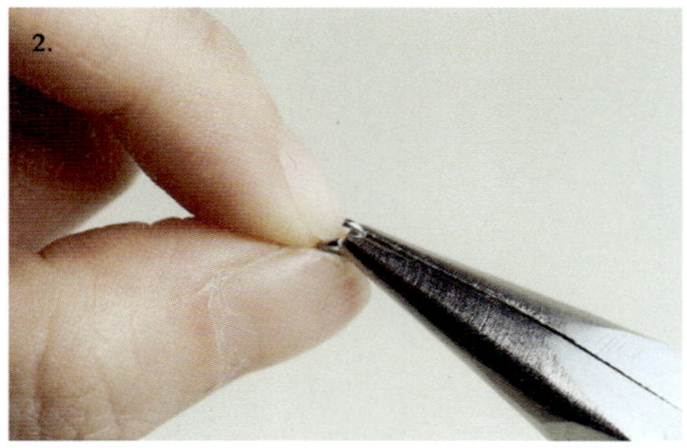

한쪽 손으로 링의 끝을 잡고, 다른 손으로는 평집게로 링의 반대편 끝을 잡는다.

링을 잡은 손은 움직이지 않고, 한쪽 링을 집은 평집게를 비틀 듯이 밀어 올린다. 과하게 힘을 주면 링이 부러지거나 꺾일 수 있으니 살살 다룬다.

링 닫 기

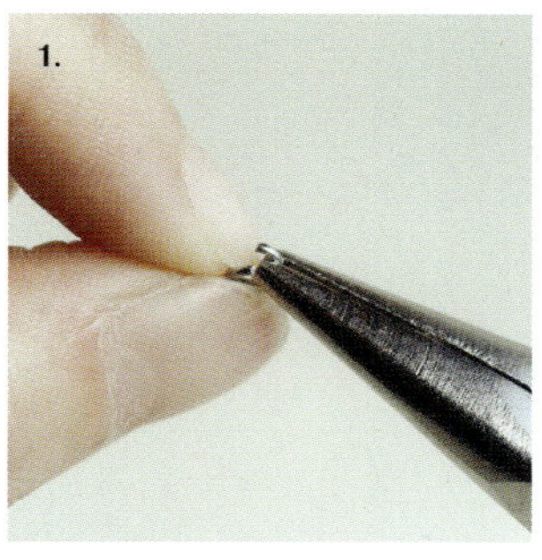

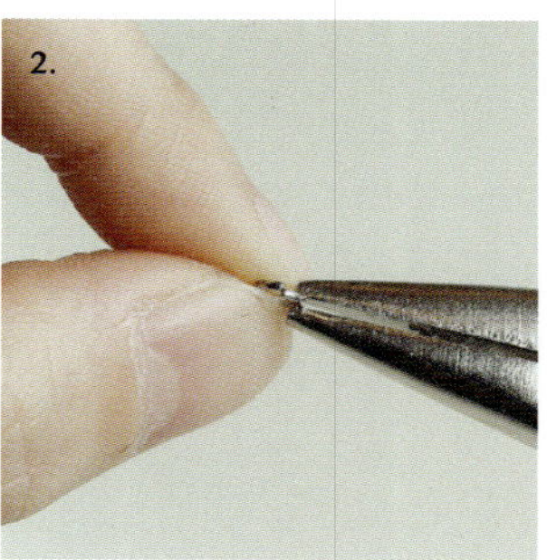

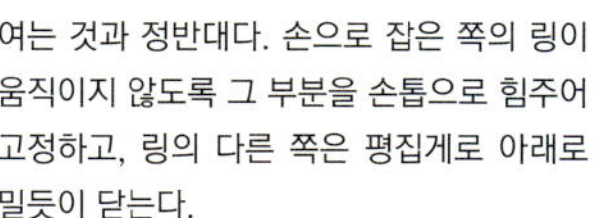

여는 것과 정반대다. 손으로 잡은 쪽의 링이 움직이지 않도록 그 부분을 손톱으로 힘주어 고정하고, 링의 다른 쪽은 평집게로 아래로 밀듯이 닫는다.

링의 양 끝이 서로 정확히 마주 볼 수 있도록 마주 보는 부분을 평집게로 여러 각도에서 집어준다.

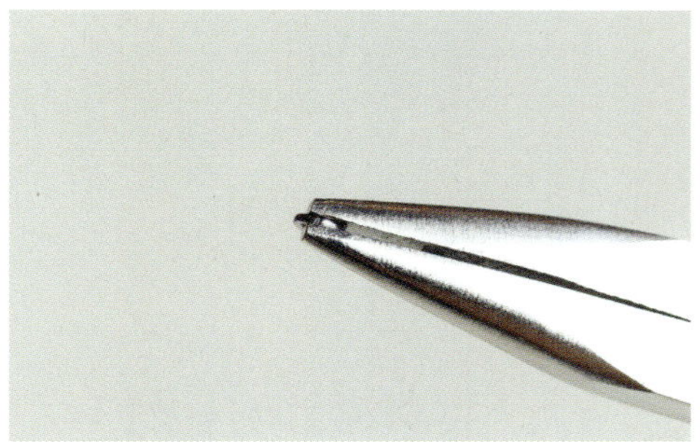

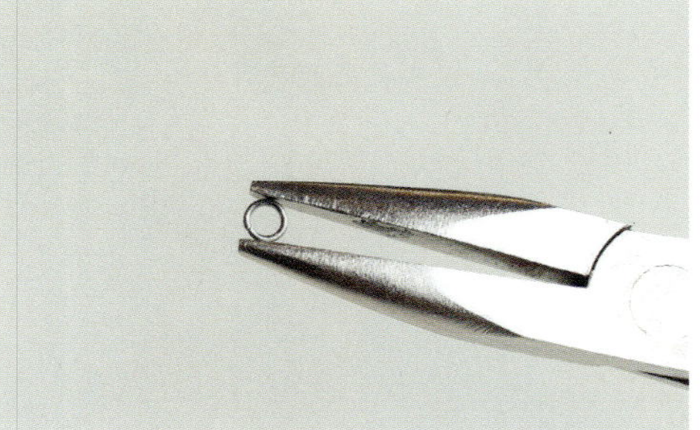

바늘평집게

체인 한 칸의 내경이 작아 그 안으로 핀이나 링이 통과하기 힘든 경우에,
체인의 내경을 늘이는 용도로 사용합니다. 이때 체인에 연결할 핀이나 링이 체인의 내경에 비해
지나치게 두꺼워서는 안 됩니다. 무리하게 늘이면 체인이 끊어질 수 있기 때문입니다.

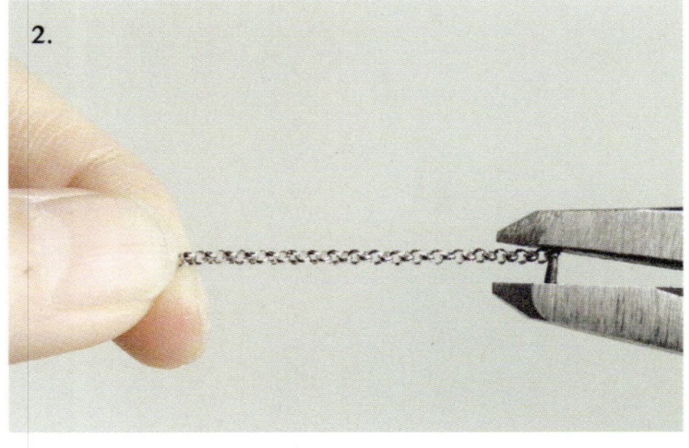

체인의 늘이고 싶은 지점을 바늘평집게의 바늘에 끼운다.

바늘평집게를 살며시 누른다. 과한 힘을 주면 체인이 끊어지기 때문에 무리하게 늘이고 있지는 않은지 잘 살펴보며 누르는 것이 중요하다. 핀이나 링이 통과할 수 있을 만큼만 적당히 늘인다.

9자말이

9자말이는 T핀과 같은 곧은 핀을 '9'모양으로 마는 것을 말합니다. 9자말이를 익히면

9핀을 사지 않아도 T핀으로 9핀을 만들 수 있고, 핀의 양쪽을 모두 9모양으로 말 수 있습니다.

양쪽 9자말이는 체인 중간에 원석을 배치할 때 유용합니다.

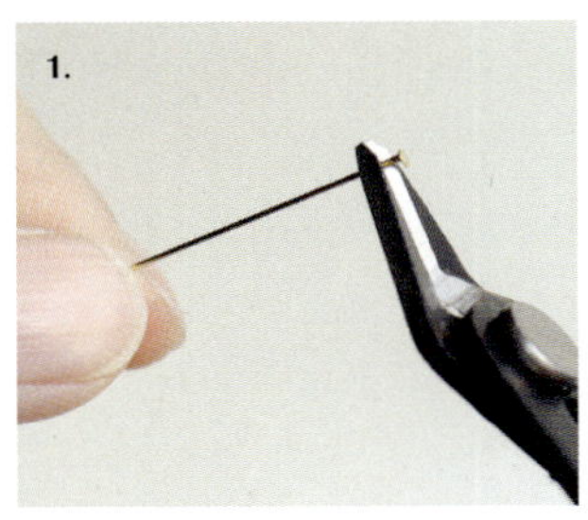

1.

T핀으로 9자말이를 할 때는, 먼저 니퍼로 T핀의 머리 부분을 자른다.

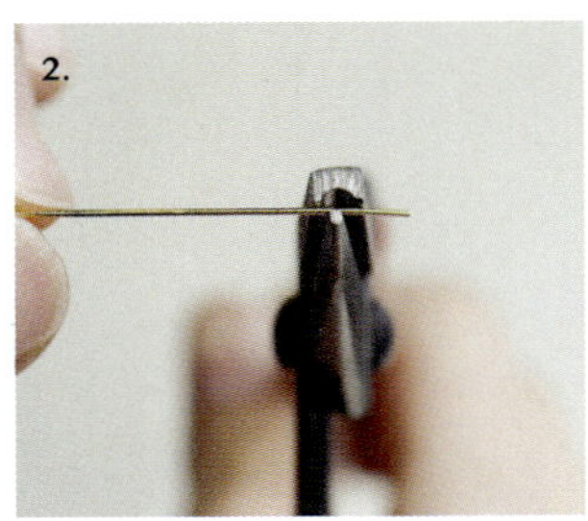

2.

9자말이 집게로 핀을 집는다. 끝에서 5mm 정도 떨어진 곳을 집으면 적당하다.

Tip | 초보자는 한쪽만 둥근 9자말이 집게를 이용하는 것이 좋다.

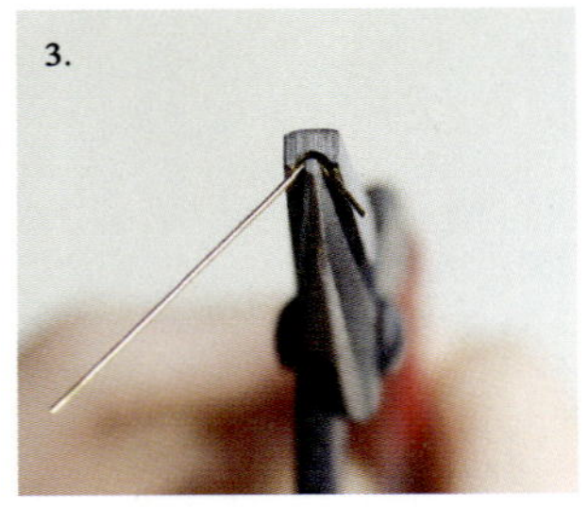

3.

9자말이 집게에 힘을 주어 핀을 구부린 뒤, 손으로 말지 않을 부분을 살짝 뒤로 젖혀서 핀을 곡선으로 만든다.

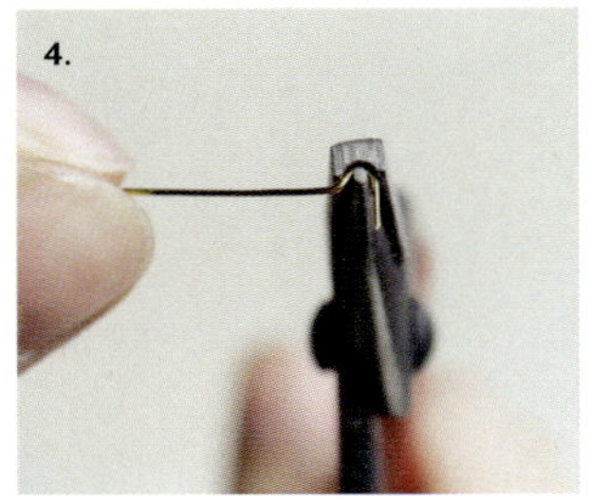

4.

꺾은 부분 5mm를 만다. 한 번에 말기보다는 여러 번에 걸쳐 조금씩 옆으로 핀을 집어나가는 느낌으로 말아야 꺾인 자국이 남지 않는다.

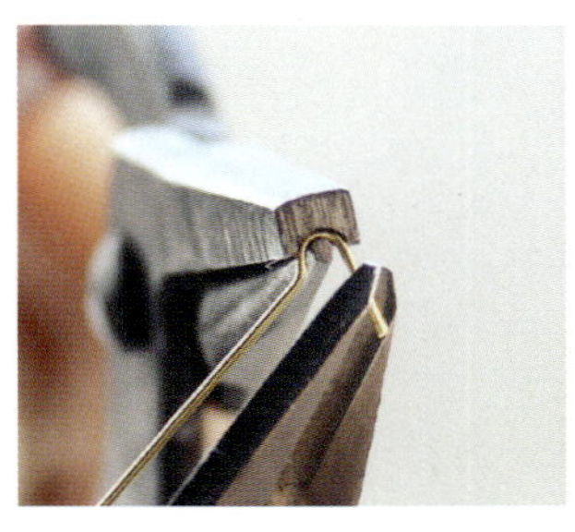

Tip | 길이가 남는다면, 니퍼로 남은 길이만큼 핀을 자른다.

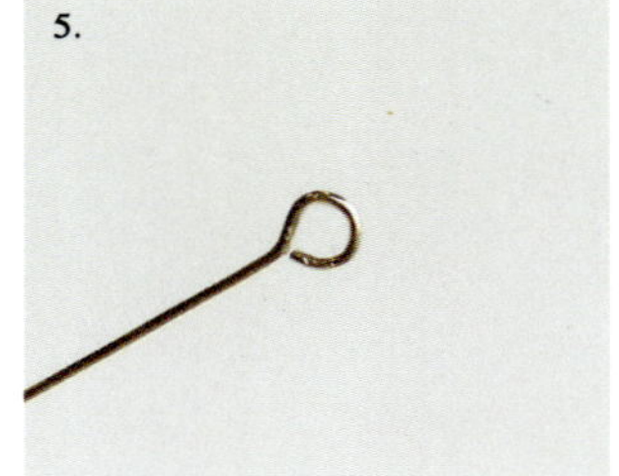

5.

완성!

양쪽 9자말이

양쪽 9자말이는 9핀에 원석을 끼운 뒤 반대쪽에도 9자 고리를 만들어주는 것을 말합니다.
액세서리 만들 때 가장 기본이 되는 기법입니다.

9핀에 원석을 끼운다.

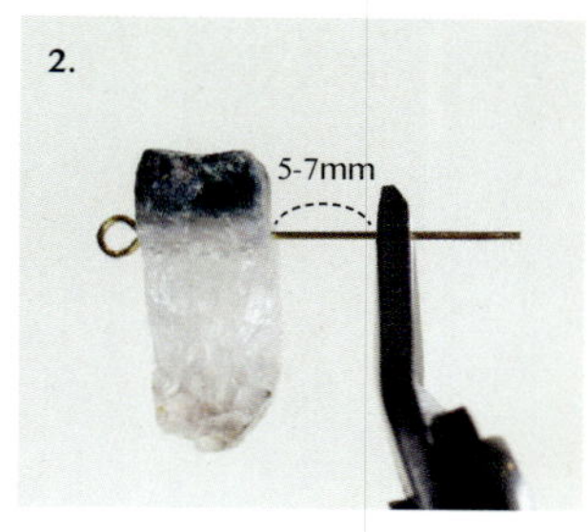

원석으로부터 5~7mm의 길이만 남기고 나
머지 핀은 니퍼로 자른다.

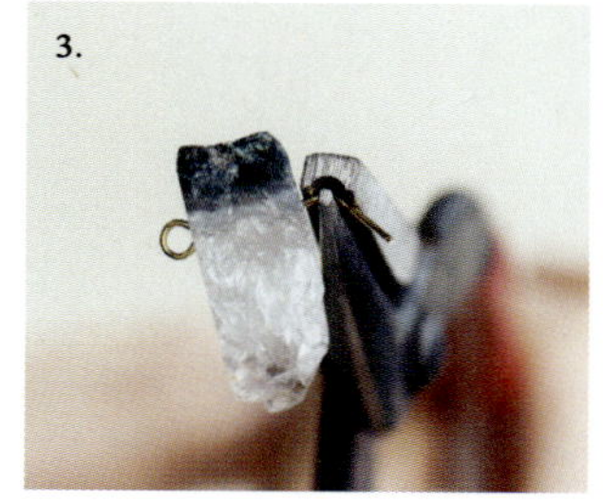

9자말이 집게를 원석 옆에 바짝 대고 꾹 누른
다. 너무 과하게 힘을 주면 원석이 깨질 수 있
으니 조심한다.

3의 상태에서 다른 쪽 손으로 원석을 통째
로 잡아 뒤로 젖힌다. 핀이 둥근 반원의 형
태가 된다.

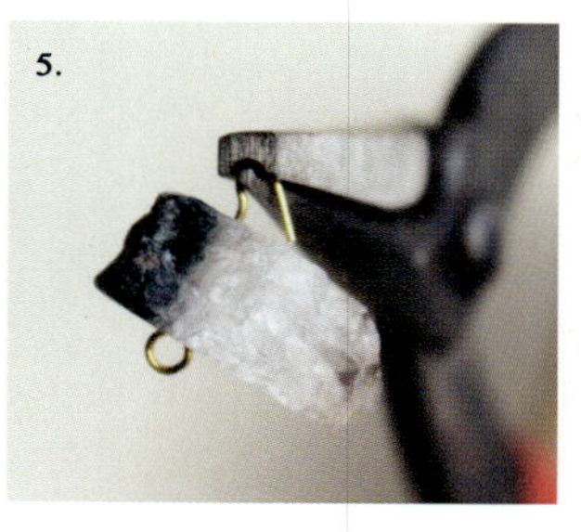

핀 끝이 완전한 원형이 되도록 9자말이 집게
로 차근차근 집어 나간다.

완성!

 원석의 양쪽에 9자말이를 할 때에는 핀의 양 끝이
서로 다른 방향을 향하도록 말아준다(옆으로 누운
알파벳 S모양(∞)을 떠올리면 쉽다). 양쪽을 같은
방향으로 말면 착용하면서 힘의 균형이 유지되지
않아, 말아 놓은 핀이 펴질 우려가 있다.

루핑

루핑Looping은 와이어를 사용해 원석의 윗부분을 감는 것을 말합니다. 간혹 원석 구멍이 너무 작아

그 속으로 핀이 들어가지 않을 경우, 핀보다 얇은 와이어로 루핑을 한 뒤 원석을 체인에 연결합니다.

우아한 멋이 있어 디자인적 요소로도 많이 활용되는 기술입니다.

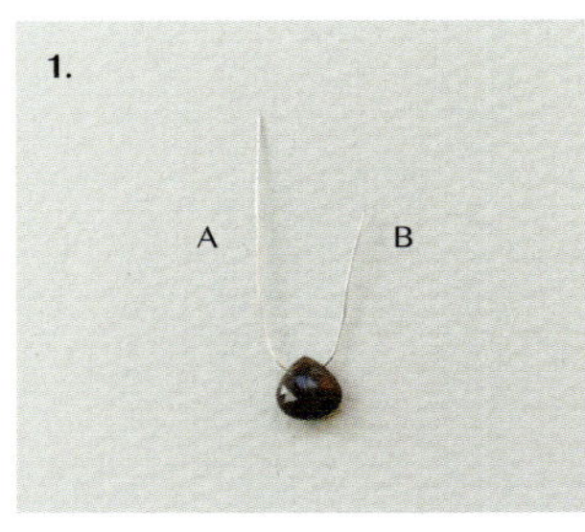
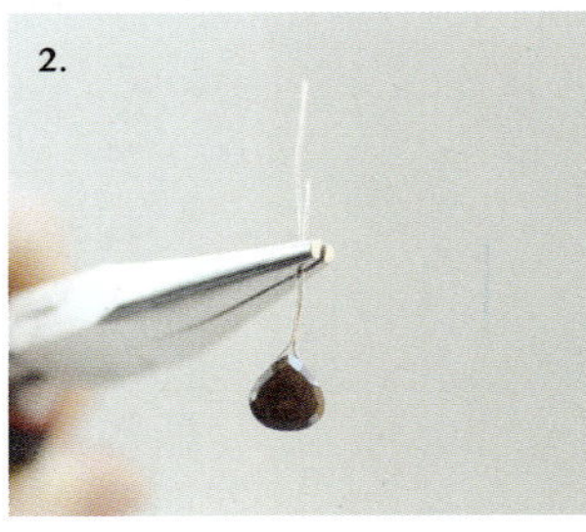
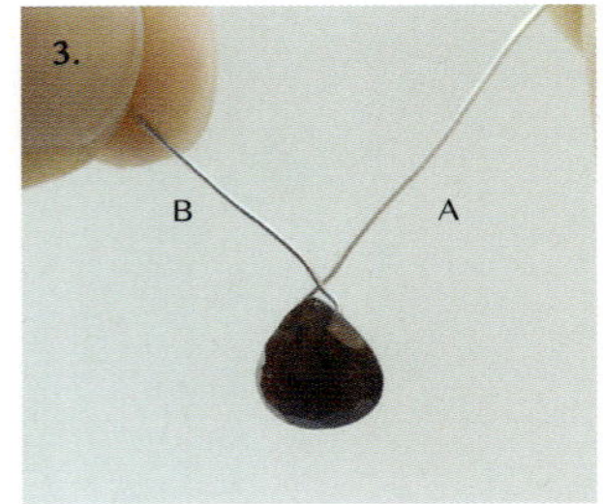

먼저 원석의 양쪽 구멍에 와이어(초보자는 약 5cm, 숙달자는 약 3cm)를 통과시킨다. 한쪽 은 길게(A), 한쪽은 짧게(B) 뺀다.

양쪽 구멍으로 나온 와이어를 평집게로 집어 모두 위를 향하게 한다.

짧은 와이어(B)를 긴 와이어(A) 위로 넘긴다.

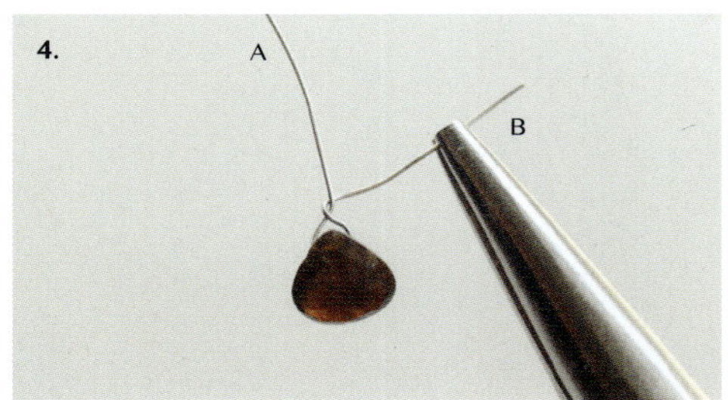
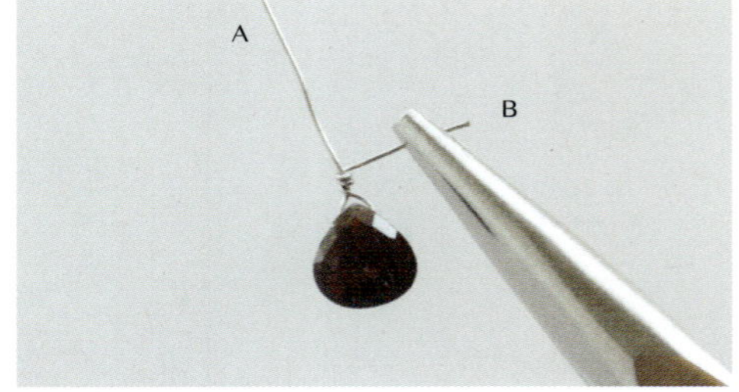

짧은 와이어(B)를 긴 와이어(A)에 3번 감아올린다. 한쪽 손으로 원석을 잡고, 다른 쪽 손으로는 평집게로 와이어를 잡은 뒤 밑에서부터 감아 올라가 면 더 촘촘히 감긴다.

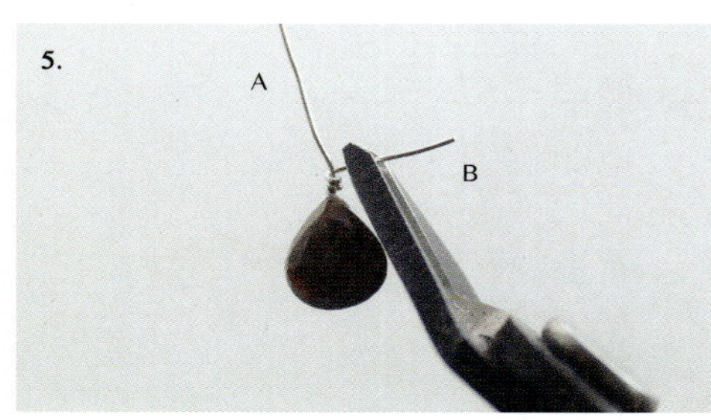

3번 감고 남은 와이어(B)를 니퍼로 짧게 자르고 자른 부분이 튀어나오지 않도록 감은 부분을 평집게로 잘 집어준다. 짧은 와이어(B)가 긴 와이어(A) 에 딱 붙도록 촘촘히 집는다.

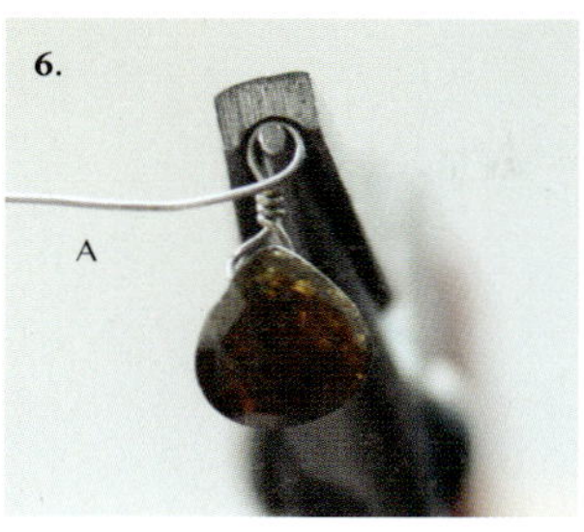

9자말이 집게로 긴 와이어(A)에 고리를 만든다.

고리를 만들고 남은 와이어로 **4, 5**에서 감은 와이어(B)를 감싸며 한 줄 한 줄 감는다. 이번에는 위에서 아래로 감아 내려간다. 힘을 주어 촘촘히 감는 것이 보기에 좋다.

4, 5에서 감아 놓은 와이어(B)가 보이지 않게 원석의 바로 위까지 딱 붙여서 감는다.

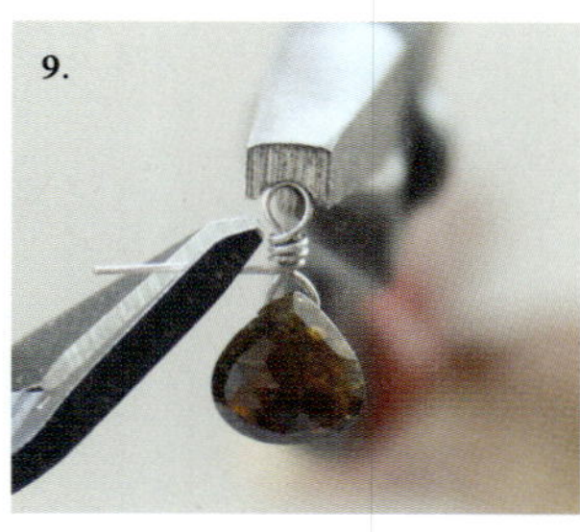

감고 남은 와이어(A)는 니퍼로 짧게 자른다.

튀어나오는 와이어가 없도록 자른 와이어를 평집게로 여러 번 집어, 감은 와이어에 딱 달라붙게 한다.

완성!

연성(Soft) 와이어를 이용한다.
강성(Hard) 와이어는 루핑 중 뚝 끊어지기 쉽다.

연장 체인

체인을 활용한 액세서리를 마무리할 때는 연장 체인을 달아보세요.

목이나 손목, 발목 두께가 사람마다 다르고 착용하는 옷에 따라 어울리는 액세서리 길이감이

매번 다르기 때문에 선물용으로든, 본인이 착용하는 용도로든 길이 조절을 위한

연장 체인을 다는 것이 도움이 됩니다. 연장 체인을 달 때는 클래습을 거는 부분으로

O링을 사용해보세요. C링보다 깔끔한 형태를 만들 수 있습니다.

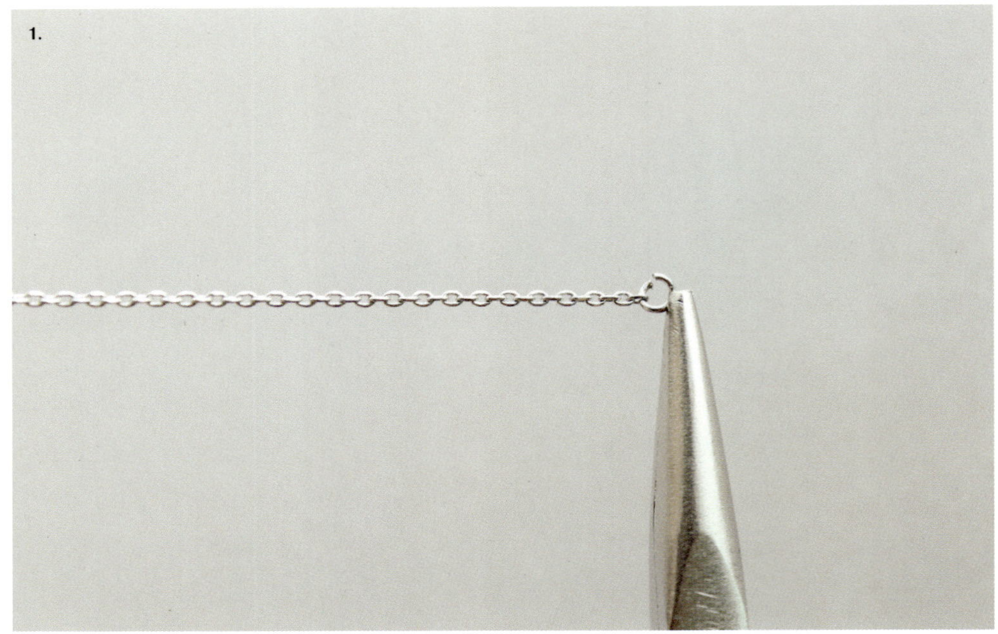

먼저 완성된 액세서리의 체인 한쪽 끝에 O링을 연결한다. 체인의 내경이 좁아서 O링이 안 들어갈 경우에는 바늘평집게를 사용해 체인을 넓힌다.

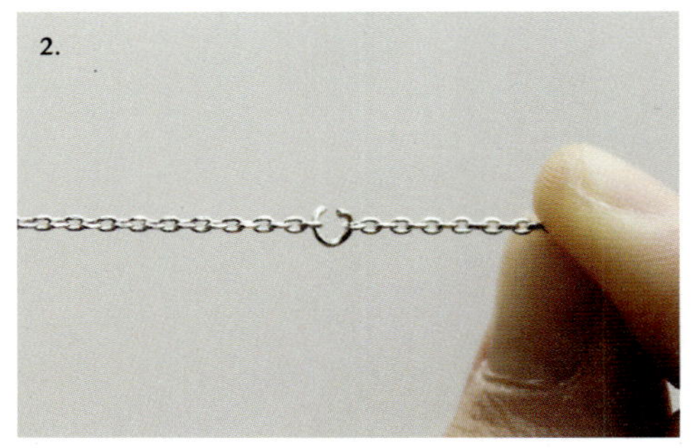 

연장용 체인을 적당히(p.39 Tip참고) 잘라 O링에 걸고, 평집게로 O링을 닫는다.

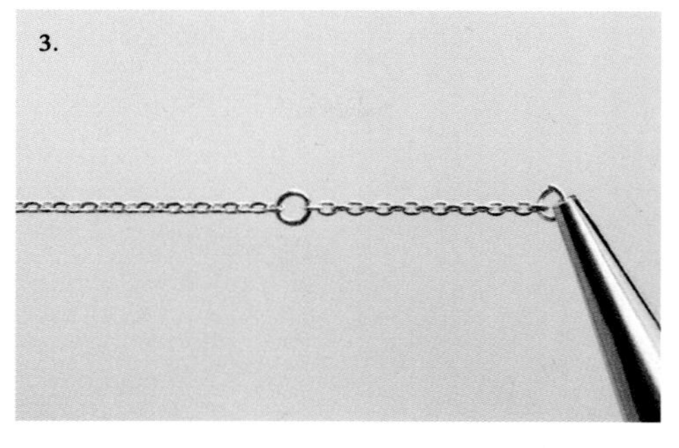

3.

연장용 체인의 맨 끝에도 O링을 달아준다. 취향에 따라 A바를 달아도 좋다.

Tip 액세서리별 연장 체인의 권장 형태

	길이	O링 개수
팔찌	1cm	2
발찌	1cm*2	3
목걸이	3cm	2

2. 길이와 크기

팔찌 길이

기성 팔찌의 길이는 여성 17.5cm, 남성 19cm로 알려져 있습니다. 시중에 판매되는
일반적인 팔찌 길이입니다. 이 책에서는 여기에 1cm의 연장 체인을 포함합니다.
물론 기성 팔찌의 길이와 관계없이 원하는 길이로 맞춤형 팔찌를 만들어도 좋습니다.

발찌 길이

기성 발찌의 길이는 여성 23cm, 남성 28cm입니다. 그러나 발목은 팔목에 비해
두께가 더 다양하므로 가급적이면 줄자로 발목을 잰 뒤 맞춤형 길이로 만드는 것을 추천합니다.
이 책에서는 발찌에 연장 체인을 1cm씩 두 번 답니다. 이렇게 하면 길이를 쉽게 조절할 수 있기
때문입니다.

목걸이 길이

목걸이는 길이에 따라 명칭이 정해져 있습니다.

초커 Choker 33~40cm	오페라 Opera 71~81cm
프린세스 Princess 40~46cm	로프 Rope 114cm 이상
마티네 Matinee 50~61cm	

이 책에서는 목걸이마다 3cm 길이의 연장 체인을
답니다. 시중에 판매되는 목걸이에 적용되는 연장 체인의
길이입니다. 물론 개인의 취향에 따라 연장체인을
달지 않거나 2cm씩 2개를 다는 등의 변형을
거쳐도 좋습니다.

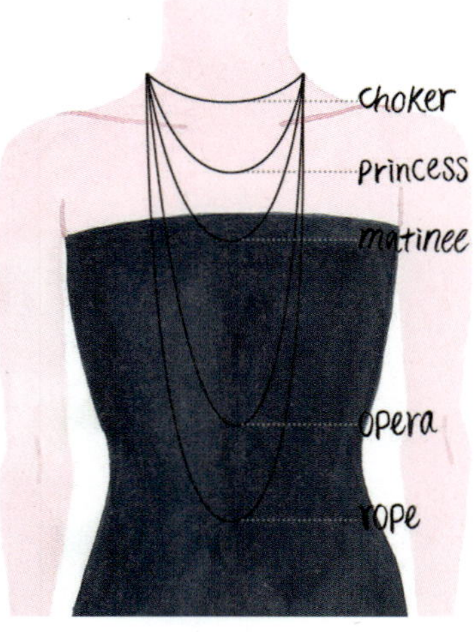

반지 호수

반지는 크기가 무척 중요하기 때문에 종이 혹은 실로 손가락 둘레를 잰 뒤
착용할 손가락에 꼭 맞는 반지를 만드는 것을 추천합니다. 이때 중요한 것은,
반지를 낄 손가락 아래쪽의 둘레를 재면서 해당 손가락의 중간 마디가 이 둘레보다
더 굵지는 않은지 확인하는 것입니다.
간혹 손가락 마디가 이 둘레보다 굵은 경우가 있어, 아래쪽의 둘레만 고려한다면
애써 만든 반지가 마디에 걸려서 들어가지 않는 경우가 생기기도 합니다.

1호	44mm	11호	54mm	21호	64mm
2호	45mm	12호	55mm	22호	65mm
3호	46mm	13호	56mm	23호	66mm
4호	47mm	14호	57mm	24호	67mm
5호	48mm	15호	58mm	25호	68mm
6호	49mm	16호	59mm	26호	69mm
7호	50mm	17호	60mm	27호	70mm
8호	51mm	18호	61mm	28호	71mm
9호	52mm	19호	62mm	29호	72mm
10호	53mm	20호	63mm	30호	73mm

링, 핀, 원석의 크기 가늠을 위한 견본 그림

가장 많이 쓰이는 사이즈의 링, 핀, 원석 실물 크기입니다.

나만의 액세서리를 만들기 위한 디자인을 생각해볼 때 도움이 될 것입니다.

C링

두 께	0.5mm
지 름	3×2mm

O링

두 께	0.6mm	0.5mm	0.6mm	0.7mm	1.0mm
지 름	2mm	3mm	3mm	4mm	4mm

T핀

두 께	0.5mm	0.5mm
지 름	20mm	30mm

원석

2mm
3mm
4mm
5mm
6mm
7mm
8mm
9mm
10mm
12mm
15mm
18mm
20mm
4×2mm
5×3mm
6×4mm
7×5mm
8×6mm
9×7mm
10×8mm

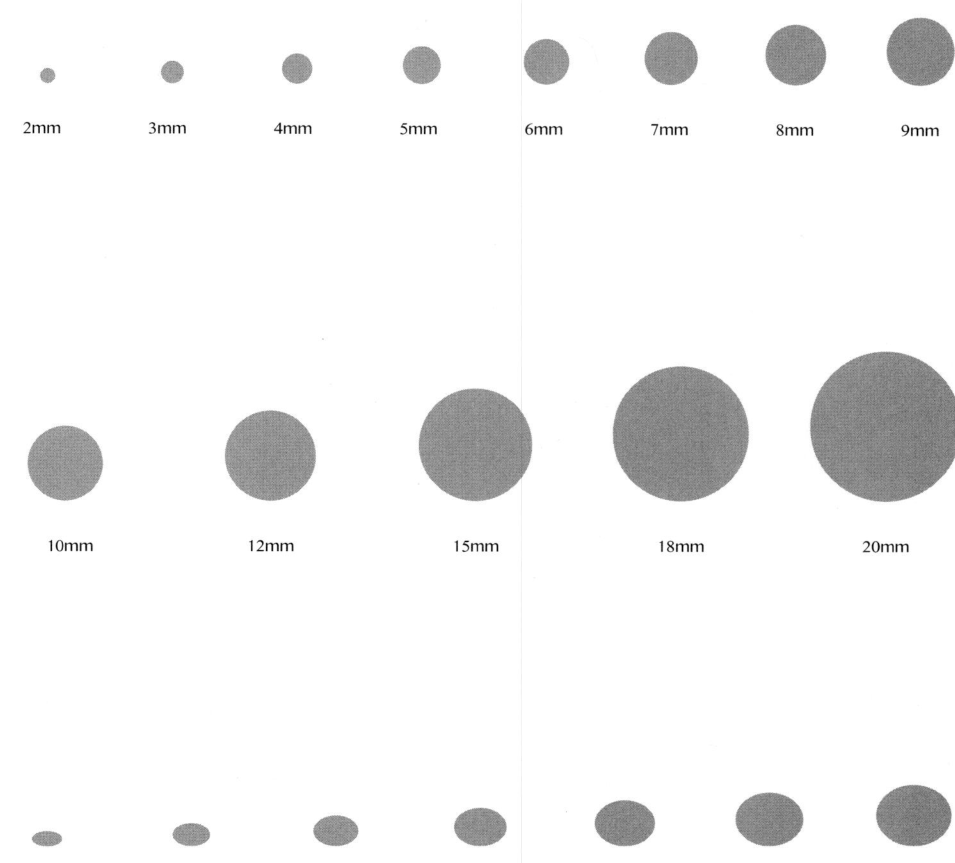

3. My Accessories

나만의 액세서리 만들기

햇살이 부드러운 봄에는 따뜻한 색감과 밝고 경쾌한 디자인의
액세서리가 잘 어울려요. 가벼워진 옷차림에 깔끔하게
포인트가 될 액세서리를 만들어보세요.

<table>
<tr><td>Level 1</td><td>Drop Bracelet</td><td>가장 기본적인
액세서리 만들기</td></tr>
</table>

Material	
살구색 칼세도니 드롭형, 8×11mm, 1개	
T핀 : 굵기 0.5mm, 길이 30mm, 1개	
O링 : 굵기 0.6mm, 지름 3mm, 3개	
체인 : 길이 67.5mm, 2개	
연장 체인 : 길이 10mm, 1개	
SR 장식과 A바 : 1쌍	
은, 무(無)니켈 백금 도금 황동, 서지컬 스틸 중	

Metal	어떤 소재로 만들어도 좋다
Length	175mm

드롭 팔찌

얇은 체인과 예쁜 원석 하나만으로도 심플하고 독특한
나만의 액세서리를 만들 수 있습니다. 바로 이 드롭 팔찌가 그렇습니다.
드롭 팔찌를 만들 때는 양쪽 9자말이를 활용합니다. 양쪽 9자말이는 팔찌 만들기의
가장 기본이 되는 기술입니다. 만드는 과정을 자세히 설명해 두었으니
가장 먼저 도전해보시길 추천합니다.

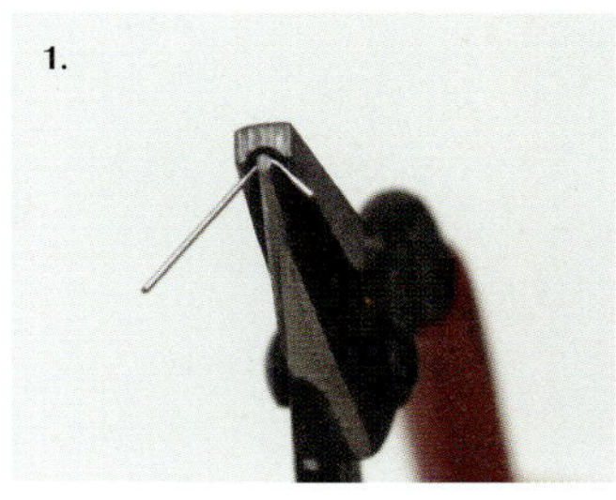

1.

T핀을 9자말이 한다. T핀의 머리를 니퍼로 자른
뒤 끝에서 5~7mm 부분을 9자말이 집게로 집는
다. 편의상 꺾인 부분을 기준으로 핀의 긴 쪽을 A,
짧은 쪽을 B라고 부르기로 한다.

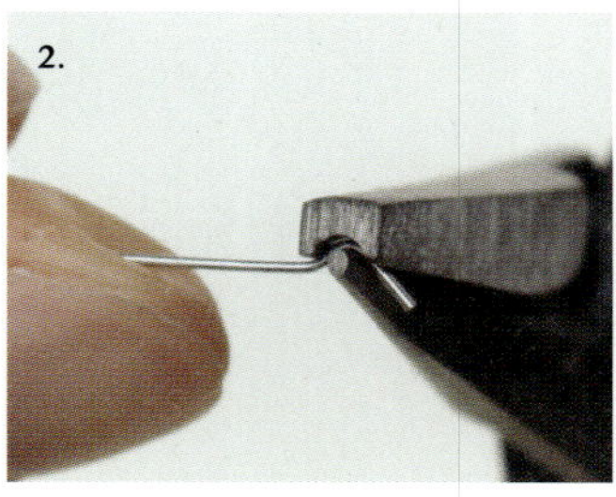

2.

손으로 A를 잡고 뒤로 젖혀 둥근 반원을 만든다.

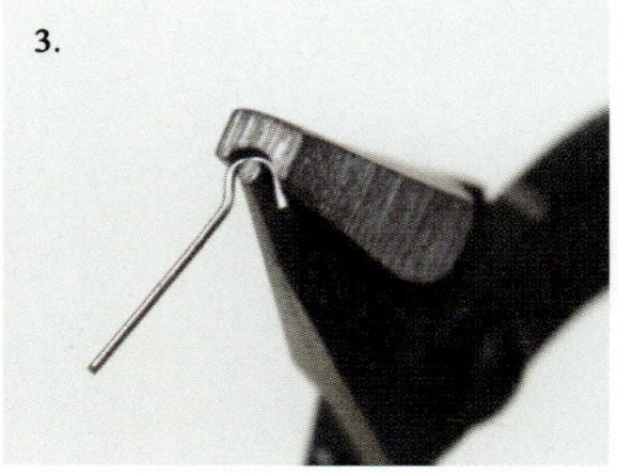

3.

9자말이 집게를 B쪽으로 약간씩 이동하며 집어
준다. 찬찬히 원형 모양이 만들어진다.

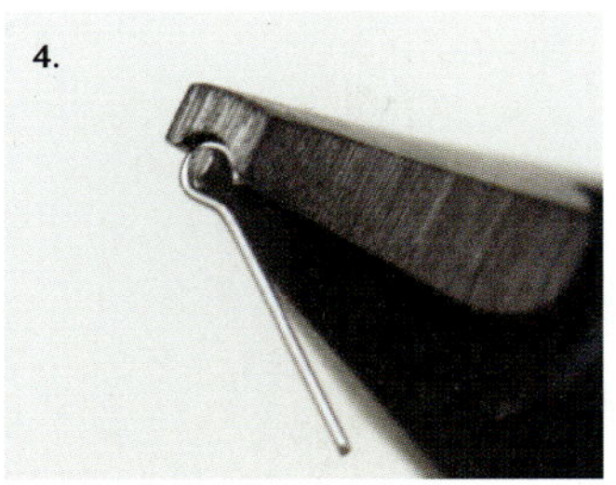

4.

B의 끝부분까지 꼼꼼히 말아준다.

5.

9자말이가 완성된 핀을 드롭형 칼세도니 원석의
홀에 통과시킨다.
Tip | 9핀이 있다면 **1~5**는 생략해도 좋다.

6.

반대쪽도 9자말이를 한다. 원석을 꿴 상태에서 9
자말이를 할 때는 9자말이 집게를 원석 바로 옆
에 딱 붙여 집어주는 것이 중요하다. 단, 너무 힘
을 주면 원석이 깨질 수 있으니 원석의 상태를 잘
살피며 집는다.
Tip | 양쪽 9자말이는 두 고리가 ∞모양이 되도록
하는 것(p.35 Tip 참고)에 주의한다.

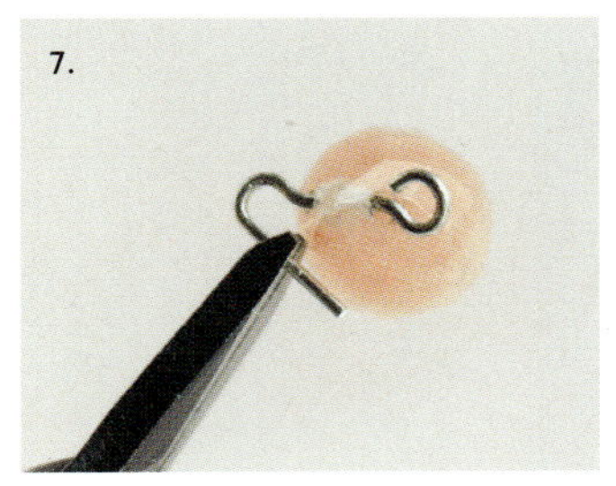

7.

6을 하는 과정에서 핀이 길게 느껴진다면, 남는 길이만큼 핀을 잘라 9자말이를 완성한다.

한쪽 9자 고리에 길이 67.5mm 체인 하나를 건다.

반대쪽 9자 고리에도 나머지 67.5mm 체인을 건다.

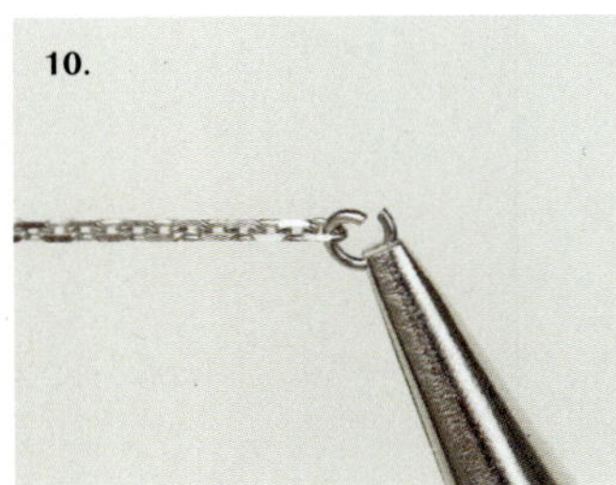

한쪽 체인 끝에 O링을 단다.
Tip | 링을 열고 닫을 때는 평집게를 이용하는 것
이 좋다.

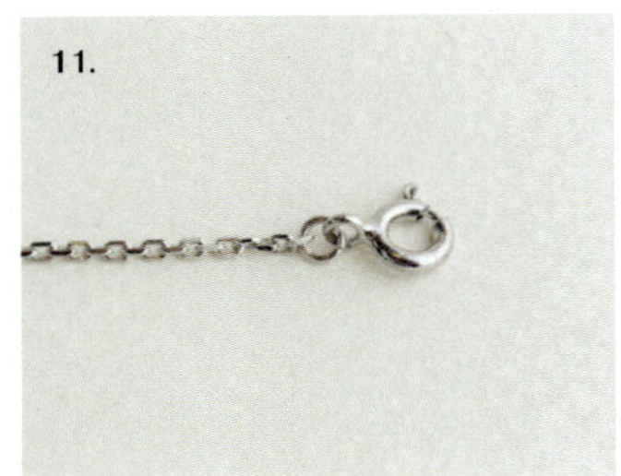

O링에 SR 장식을 달고, O링을 닫는다.

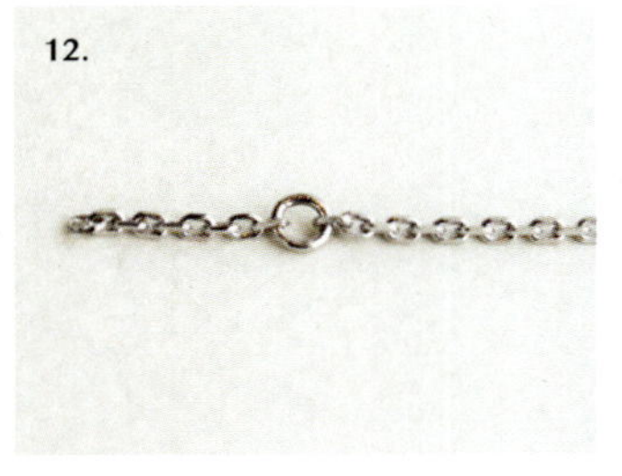

반대쪽 체인 끝에 O링과 10mm의 연장 체인을
단다.

여러 각도에서 눌러가며 O링을 튼튼히 닫아준다.

연장 체인 끝을 취향에 따라 O링 혹은 A바로 마
무리한다.

15.

완성!

Styling Tip | 군더더기 없이 깔끔한 디자인이 돋보이는 팔찌예요.
흰색 혹은 연회색의 무채색 계열 셔츠와 매치하면 포인트가 됩니다.

Level 1 | # Rose Quartz
Unbalanced Earring

디스크 원석을
카보숑처럼 활용하기

로즈 쿼츠 언밸런스 귀걸이

디스크형 원석의 납작하고 평평한 면을 카보숑처럼 활용하면
예쁜 귀걸이를 손쉽게 만들 수 있어요. 다양한 매력을 담기 위해서
양쪽을 다르게 디자인했습니다. 한 쌍의 귀걸이로 발랄함과 우아함,
두 가지 분위기를 연출해보세요.

1.

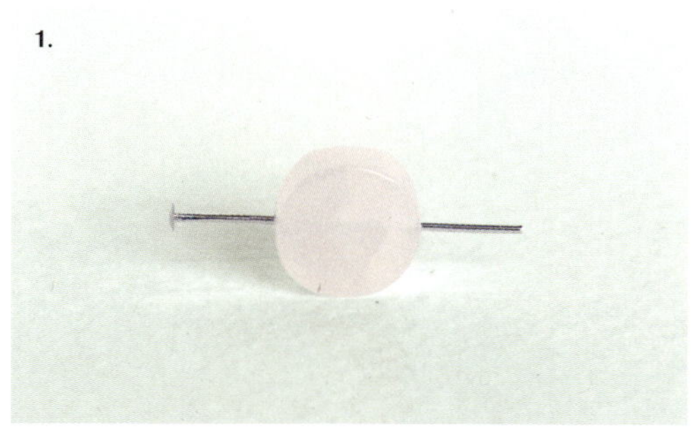

T핀에 로즈 쿼츠 디스크형 원석을 통과시킨다.

2.

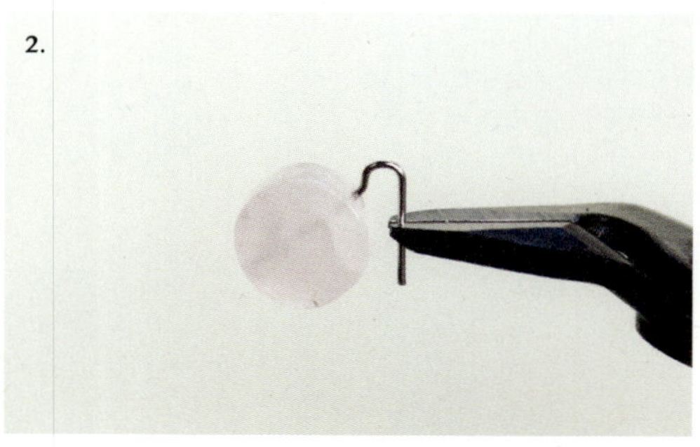

원석의 바로 옆 부분을 9자말이 집게로 꾹 집은 뒤, 마저 9자말이를 할
5~6mm만 남기고 나머지 핀은 니퍼로 자른다.

3.

9자말이를 한다.

4.

담수진주에 T핀을 꽂는다.

5.

담수진주 바로 위쪽에 9자말이를 한다.

6.

3과 **5**를 연결한다. **3**와 **5**에서 만든 두 9자 고리 중에서 벌어진 틈이 큰 쪽
으로 틈이 작은 쪽을 연결한다. 연결한 뒤에는 빠지지 않도록 평집게로 두
9자 고리를 오므린다.

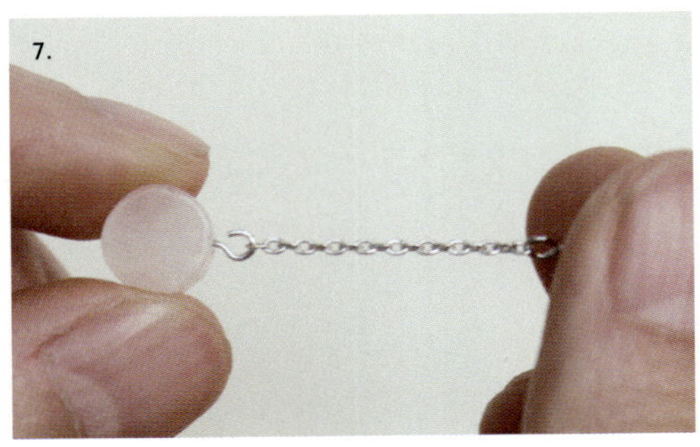

다른 쪽 귀걸이를 만든다. **1, 2, 3**을 반복한 뒤 9자 고리에 길이 30mm 체인을 걸고 평집게로 고리를 오므린다.

4, 5를 반복한 뒤 담수진주의 9자 고리에 체인을 연결한다.

귀걸이 포스트에 접착제를 바른다. 포스트 위로 빈틈없이 접착제를 바르면 원석을 붙일 때 접착제가 새어 나오니, 포스트 면적의 60%만 바른다.
Tip | 논 피어싱도 같은 방법으로 부착한다.

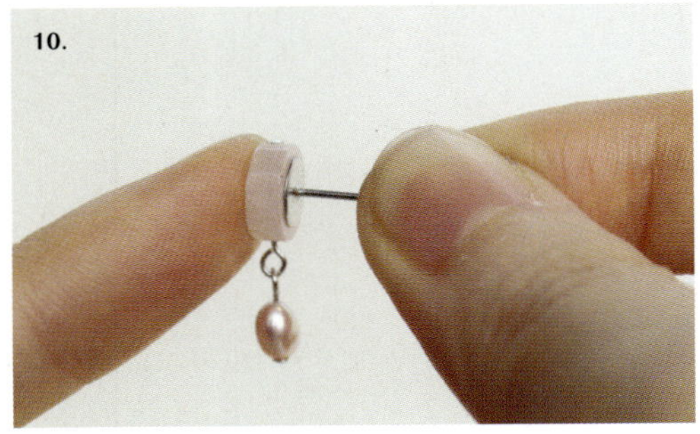

접착제를 바른 귀걸이 포스트를 로즈 쿼츠 디스크형 원석에 붙인다.

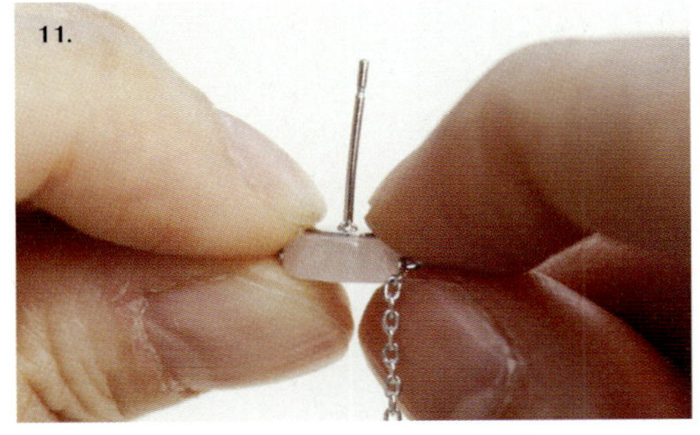

손으로 꾹 누른다.

완성!

Styling | 원석의 은은한 분홍색이 파스텔톤 의상이나 흰 셔츠와 무척 잘 어울릴 거예요.
Tip | 깔끔한 차림에 포인트를 주고 싶을 때 함께 착용해보세요!

Cherry Blossom Bracelet

Level 2

펜던트
달기

Material
벚꽃 모양 펜던트, 9×11mm, 1개
담수 진주, 2mm, 4개
꽃볼 론델 : 4개
T핀 : 굵기 0.5mm, 길이 30mm, 4개
C링 : 굵기 0.5mm, 6개
O링 : 굵기 0.6mm, 지름 3mm, 2개
체인 : 길이 145mm, 1개
연장 체인 : 길이 10mm, 1개
SR 장식과 A바 : 1쌍

| Metal |

어떤 소재든 괜찮지만, 여기서 쓰인 펜던트와
론델이 금 도금 황동이기 때문에 체인 또한
무(無)니켈 금 도금 황동으로 만드는 것을 추천한다

| Length |

175mm

벚꽃 팔찌

'봄' 하면 가장 먼저 떠오르는 꽃, 벚꽃을 액세서리로 재현했습니다.
이 팔찌는 팔에서 달랑거리는 펜던트와 진주가 포인트예요.
팔랑팔랑 떨어지는 벚꽃 잎이 생각나기 때문이죠.
독특하면서도 만들기 어렵지 않아 봄맞이 선물로도 추천합니다.

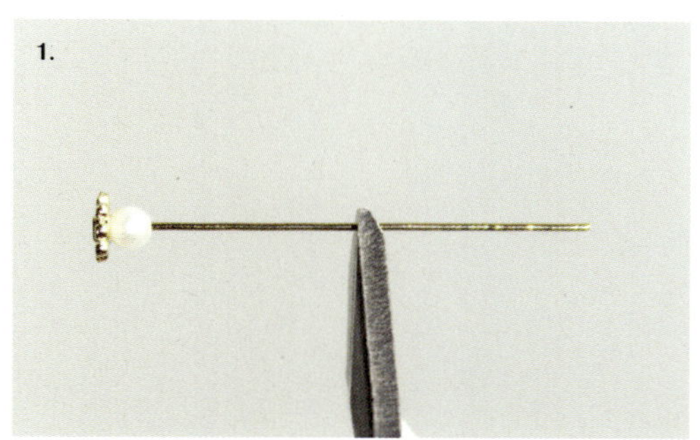

먼저 작은 진주 벚꽃을 만든다. T핀에 꽃볼 론델과 작은 진주를 순서대로 꽂고, 9자말이를 할 5~6mm만 남긴 뒤 핀을 자른다.

진주 바로 윗부분에 9자말이를 한다.

이렇게 만들면 된다.

진주 벚꽃 4개를 만들어 둔다.

꽃들을 체인에 단다. 먼저 체인의 72.5mm 지점(가운데 지점)에 C링으로 벚꽃 펜던트를 단다. C링은 평집게로 열고 닫는다.

벚꽃 펜던트 양옆으로 10mm씩 간격을 두고 미리 만들어 둔 진주 벚꽃들을 단다. C링을 이용하면 움직임이 더 자유롭다.

7.

한쪽 체인 끝에 C링으로 SR 장식을 단다.

8.

반대쪽 체인 끝에는 O링을 달고 길이 10mm 연장 체인을 단다.

9.

연장 체인의 끝은 개인의 취향에 따라 O링이나 A바를 달아 마무리한다.

10.

완성!

Styling Tip | 팔목에 달린 벚꽃들이 독특하고 사랑스러운 분위기를 완성해줄 거예요. 셔츠나 원피스와 함께 봄 분위기를 연출해 보세요.

Grapefruit Amber
Necklace

Level 2

펜던트를 정면으로
예쁘게 달기

Material

자몽색 글라스 커넥터, 9×5mm, 1개

호박색 글라스 펜던트, 지름 9mm, 1개

C링 : 굵기 0.3mm, 1개

O링 : 굵기 0.6mm, 지름 3mm, 4개

체인 : 길이 210mm, 2개

연장 체인 : 길이 30mm, 1개

SR 장식과 A바 : 1쌍

Metal

어떤 소재로 만들어도 괜찮지만, 여기서 쓰인

펜던트가 금 도금 황동이기 때문에 부속품 역시

무(無)니켈 금 도금 황동으로 만드는 것을 추천한다

Length

470mm

자몽과 호박 목걸이

금속 펜던트와 금속 커넥터에는 고리들이 달려있습니다.
자몽과 호박 목걸이에서는 이 고리들을 사용해 펜던트를 정면으로 예쁘게 달 수 있는
방법을 소개합니다. 여기에서는 봄꽃을 연상케 하는 색감의 펜던트와 커넥터를 사용했어요.
톡톡 튀는 색의 펜던트와 커넥터를 사용해도 예쁠 거예요.

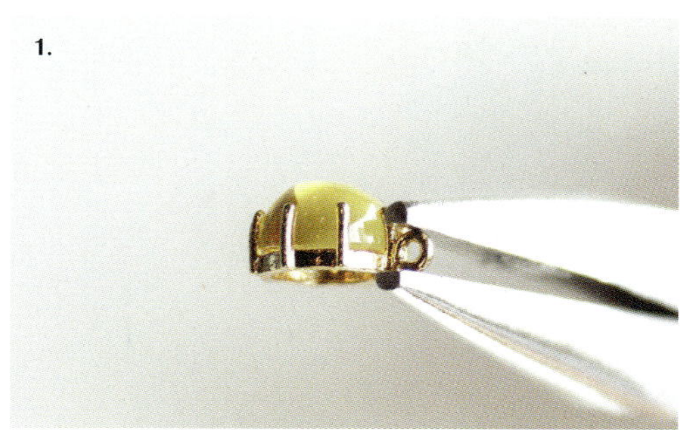

1.

호박색 글라스 펜던트에 달린 고리를 평집게로 닫는다.

2.

O링에 펜던트 두 개를 모두 걸고 평집게로 O링을 닫는다.

3.

자몽색 글라스 펜던트 위쪽에 있는 고리에 O링을 건다. O링은 아직 닫지 않는다.

4.

자몽색 글라스 펜던트 위에 걸어둔 O링에 체인 두 줄을 모두 걸고, 평집게로 O링을 닫는다. 이렇게 체인 두 개를 펜던트 양옆에 각각 따로 걸면 펜던트가 예쁘게 정면을 향한다.

5.

한쪽 체인 끝에 C링으로 SR 장식을 단다.

6.

반대쪽 체인 끝에 O링을 달고 길이 30mm 연장 체인을 단다.

7.

연장 체인 끝에 O링을 단다. 원한다면 O링에 A바를 달아도 좋다.

8.

완성!

Styling
Tip
밝은 파스텔 톤 원피스와 함께 착용해보세요.
꽃이 핀 봄 거리에 잘 어울릴 거예요.

Level 2

Moonstone Inca Rose
Urethane Bracelet

우레탄 줄
팔찌 만들기

| Material

잉카로즈 플랫 드롭형, 9×10mm, 1개

합성 문스톤 라운드형, 4mm, 38개

금속 론델 : 두께 3mm, 지름 6mm, 5개

우레탄 줄 : 굵기 0.5mm, 길이 250mm, 1개

접착제 : 록타이트 401

문스톤 잉카 로즈 우레탄 팔찌

우레탄 줄로 팔찌 만드는 법을 소개합니다. 도구 없이 팔찌를 만들고 싶을 때
쉽게 따라할 수 있어요. 탄력 있는 줄에 원석을 꿰어서 완성하는 우레탄 팔찌는
착용하기 쉽고 사용하는 원석에 따라 분위기가 천차만별 달라지는 것이 큰 매력이에요.
마음에 드는 원석과 금속 론델을 활용해 나만의 팔찌를 만들어보세요.

투명한 우레탄 줄은 사진상으로 잘 보이지 않아, 검은 우레탄 줄로 대체하여 설명합니다.

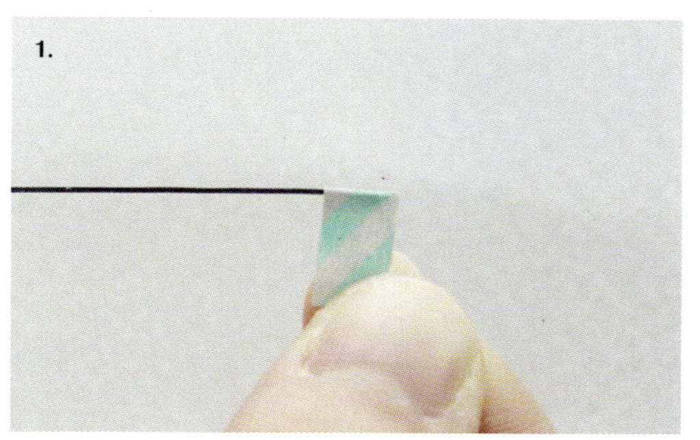

우레탄 줄 한쪽 끝에 테이프를 붙인다. 이렇게 하면 원석이 줄 밖으로 빠져
나가는 것을 막아, 쉽게 원석을 꿸 수 있다.

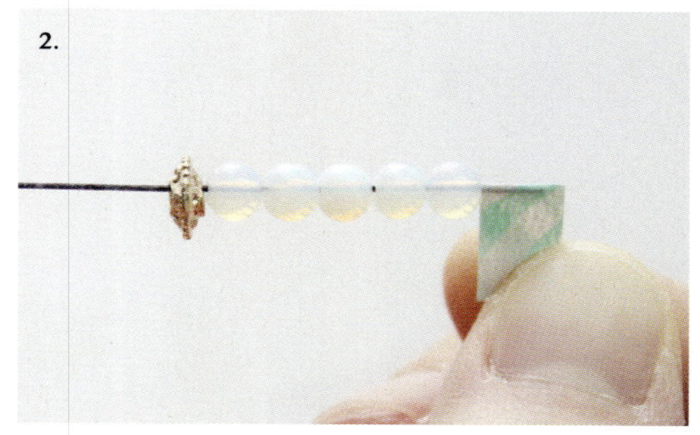

우레탄 줄에 문스톤 5개를 꿴 뒤, 금속 론델을 하나 꿴다.

문스톤 7개를 꿰고 금속 론델 하나를 꿴다.

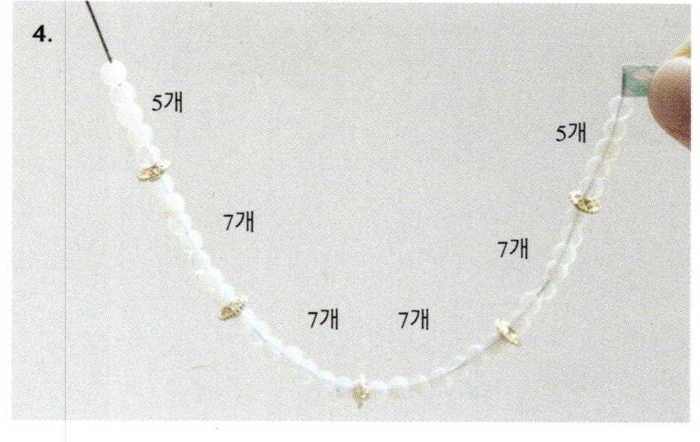

3을 3번 더 반복한 뒤, 문스톤 5개를 꿴다. 다 꿰고 나면, 사이사이에 꿰
어진 금속 론델을 기준으로 문스톤의 숫자는 차례로 5, 7, 7, 7, 7, 5개
가 된다.

마지막으로 잉카로즈 플랫드롭형 원석을 꿴다.
Tip | 우레탄 줄을 일자로 쭉 폈을 때 원석을 160mm 정도까지 꿰면 가장
일반적인 사이즈의 팔찌가 된다.

우레탄 줄의 끝 부분을 두 번 묶어 서로 매듭을 짓는다.

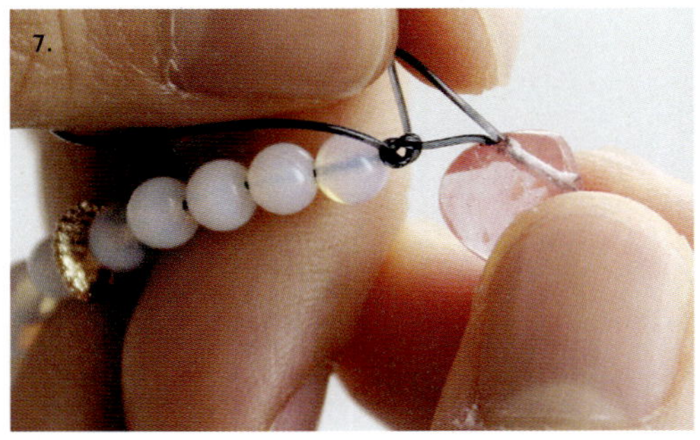

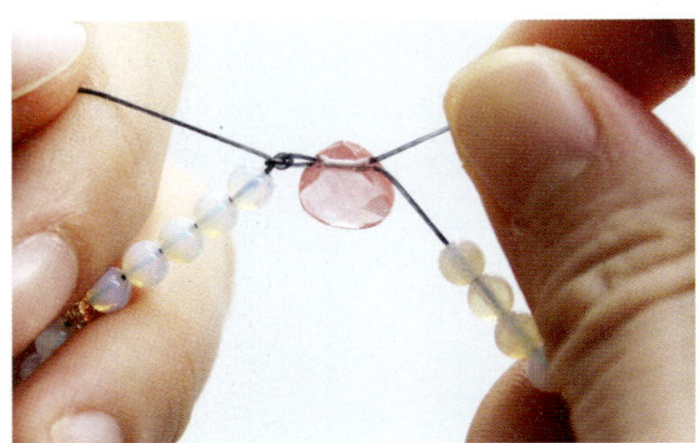

잉카로즈 원석 쪽을 향한 우레탄 줄을 잉카로즈 원석의 구멍 안으로 통과시킨다.

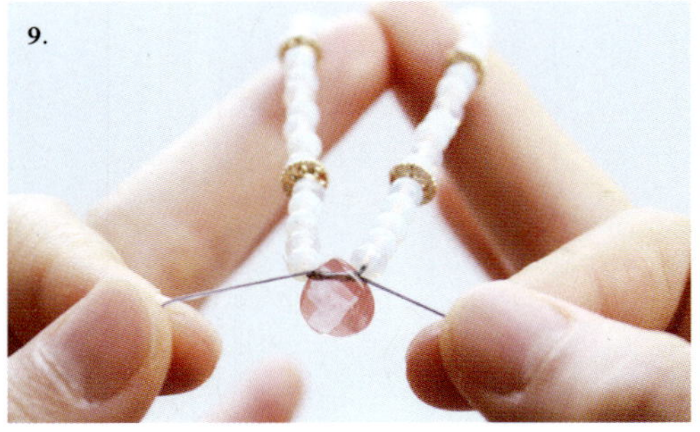

매듭의 양옆을 잘 잡고 록타이트 401을 덜어둔 종이 위에 여러 번 굴린다.

순간접착제가 마르기 전에 재빠르게 잉카로즈 원석 안으로 매듭을 숨기면서 양쪽의 줄을 잡아당긴다.

튀어나온 나머지 우레탄 줄은 니퍼로 깔끔히 자른다.

완성!

Styling
Tip

잉카로즈 원석의 톡톡 튀는 색감과 발랄한 팔찌 디자인이
멀리서도 눈길을 끕니다. 레이스가 달려 있거나 펀칭 디테일이
들어간 흰 원피스와 함께 착용하면 상쾌한 분위기가 배가될 거예요.

무더운 날씨로 목, 팔목, 발목이 드러나는 옷을 꺼내게 되는
바야흐로 액세서리의 계절입니다. 청량한 색감의 재료로
시원함이 느껴지는 액세서리를 만들어보세요.

Summer
여름
Amethyst Necklace / Hexagon Anklet / Love Pair Bracelets
Rose Disc Urethane Bracelet / Green Onyx Bracelet

Level 1

Amethyst
Necklace

양쪽 9자말이
활용하기

자수정 8×10mm 1개

T핀 : 굵기 0.5mm, 길이 20mm, 1개

C링 : 굵기 0.5mm, 1개

O링 : 굵기 0.6mm, 지름 3mm, 2개

체인 : 길이 200mm, 2개

연장 체인 : 길이 30mm, 1개

SR 장식과 A바 : 1쌍

은, 무(無)니켈 백금 도금 황동, 서지컬 스틸 중
어떤 소재로 만들어도 좋다

460mm

자수정 목걸이

양쪽 9자말이를 활용해 만들 수 있는, 가장 기본적인 형태의 목걸이입니다.
양쪽 9자말이만 익숙해지면 예쁜 원석과 체인만으로도
깔끔하고 멋진 목걸이를 금세 만들 수 있어요.
체인이 얇을수록 더 청초한 분위기를 연출할 수 있습니다.

자수정 원석을 핀에 꽂는다.

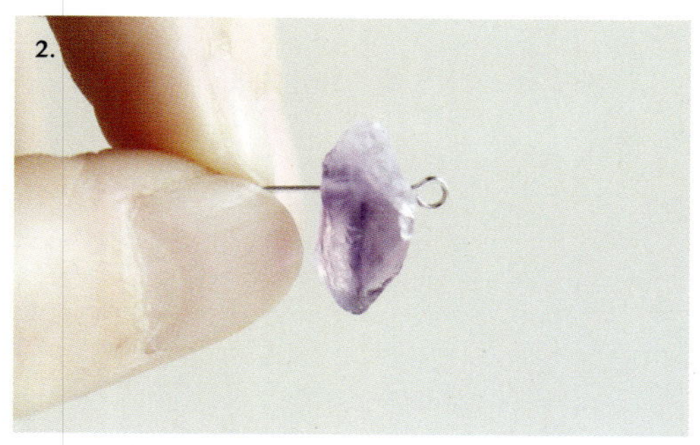

한쪽 핀을 9자로 말아준다.

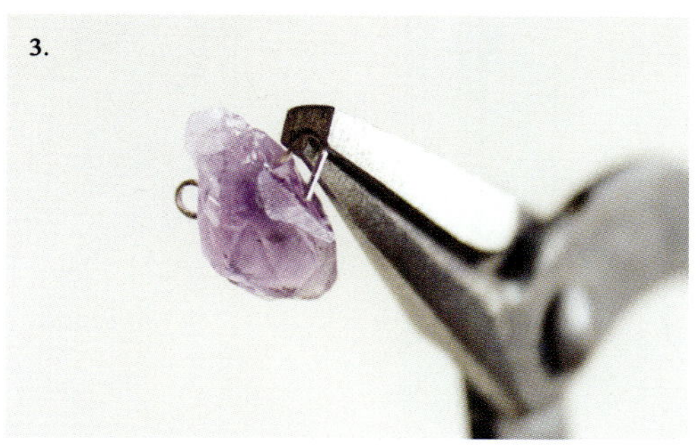

반대쪽도 원석 바로 옆을 집어 9자말이를 한다. 두 9자말이가 ∞모양(p.35
Tip 참고)이 되도록 말아준다.

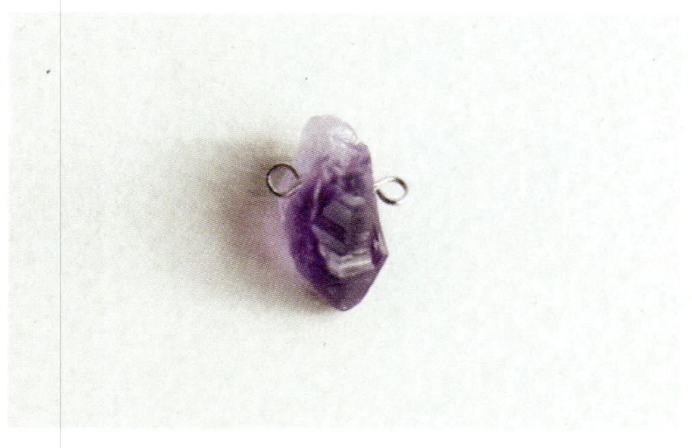

한쪽 고리에 체인을 연결한다.

반대쪽 고리에도 체인을 연결한다.

6.

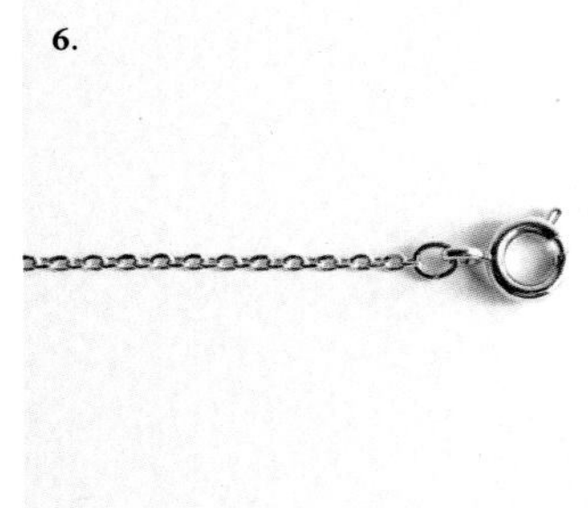

한쪽 체인 끝에 C링으로 SR 장식을 단다.

7.

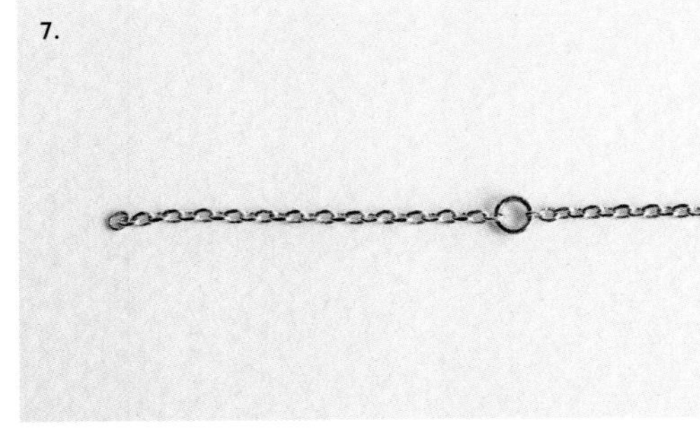

반대쪽 체인 끝에 O링과 30mm의 연장 체인을 차례로 단다.

8.

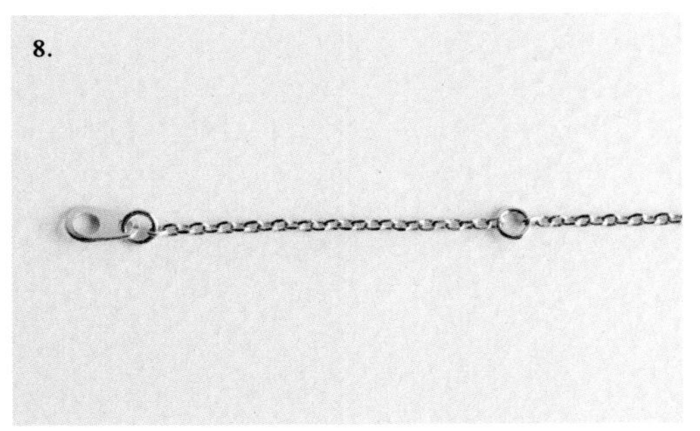

연장 체인의 끝을 기호에 따라 O링 혹은 A바로 마무리한다.

9.

완성!

Styling Tip | 살짝 거친 느낌의 원석이라, 민소매 상의와 매치하거나 단추를 두어 개 푼 셔츠와 함께 착용하면 시원하면서도 시크한 느낌을 연출할 수 있습니다.

Level 1 | # Hexagon Anklet | 발찌 만들기

Material
스모키 쿼츠 디스크형, 지름 6mm, 1개
육각형 프레임 : 12×12mm, 1개
T핀 : 굵기 0.5mm, 길이 20mm, 1개
O링 : 굵기 0.5mm, 지름 3mm, 2개
　　　굵기 0.7mm, 지름 4mm, 3개
체인 : 길이 90mm, 2개
연장 체인 : 길이 10mm, 2개
붕어 장식과 A바 : 1쌍

Metal
여름에는 땀과 물 등에 노출되는 경우가 많으므로
서지컬 스틸로 만드는 것을 추천한다
다만, 핀은 서지컬 스틸보다는 백금 도금 황동 소재가 좋다
서지컬 스틸 핀은 너무 단단해서 9자말이 도중 원석이
깨질 가능성이 크기 때문이다

Length
230mm

육각형 발찌

여름 액세서리로는 발찌를 빼놓을 수 없지요.
맨발에 심플한 은색 발찌를 차고 바닷가에 가고 싶었는데 막상 사려고 하니
마음에 드는 것이 없어 직접 만들었어요. 발목은 움직임이 많은 부위니,
쉽게 끊어지지 않도록 두께 있는 체인을 사용하세요.

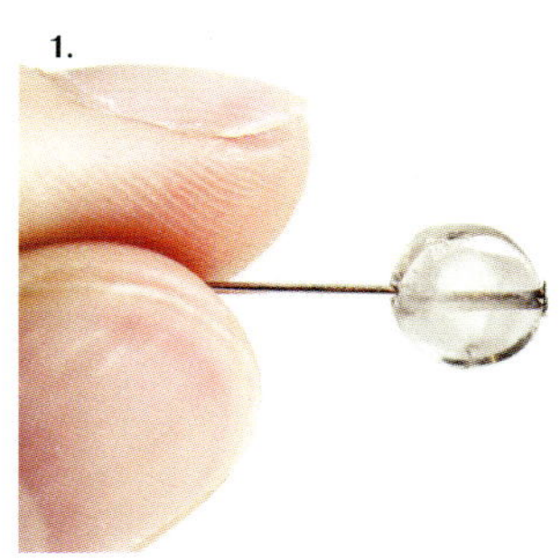

1.

핀에 스모키 쿼츠를 꿴다.

2.

양쪽을 9자로 말아준다. 반드시 ∞모양(p.35 Tip 참고)으로 만다.

3.

양쪽 고리에 체인을 연결한다.

4.

스모키 쿼츠 원석으로부터 10mm 떨어진 위치에 O링(굵기 0.5mm, 지름 3mm)을 이용해 육각형 프레임을 단다.

5.

한쪽 체인 끝에 O링(굵기 0.5mm, 지름 3mm)으로 붕어장식을 단다.
Tip | 팔보다 움직임이 크고 많은 발 액세서리에는 팔찌를 만들 때 썼던 SR 장식 대신, 보다 튼튼한 붕어 장식이 더 적합하다.

6.

반대쪽 체인 끝에는 O링(굵기 0.7mm, 지름 4mm)과 연장 체인 10mm
를 연결한다.

7.

팔찌와 달리 발찌에는 O링과 연장 체인을 하나씩 더 단다. 팔목보다 발목
의 길이가 사람마다 더 다양하기 때문이다.

8.

맨 끝에 O링을 단다. 취향에 따라 A바를 달아도 좋다.

9.

완성!

짧은 반바지나 발목이 보이는 살짝 짧은 기장의 슬랙스와 매치해보세요.
시원하면서도 시크한 느낌을 줄 수 있습니다.

Level 1

Love Pair
Bracelets

소중한 사람과 함께
착용하는 팔찌 만들기

Material

그린 아벤츄린 쿼츠 디스크형, 지름 4mm, 6개

로즈 쿼츠 디스크형, 지름 4mm, 6개

9핀 : 굵기 0.5mm, 길이 50mm, 2개

C링 : 굵기 0.5mm, 2개

O링 : 굵기 0.5mm, 지름 3mm, 4개

체인 : 길이 58mm, 4개

연장 체인 : 길이 10mm, 2개

SR 장식과 A바 : 2쌍

Metal

은, 무(無)니켈 백금 도금 황동, 서지컬 스틸 중
어떤 소재로 만들어도 좋다

Length

175mm

러브 페어 팔찌

양쪽 9자말이를 활용한 기본적인 형태의 팔찌입니다. 러브 페어 팔찌에서는 원석의
색 조합만 달리해 친구 혹은 연인과 함께 착용할 수 있는 한 쌍의 팔찌를 만들어봅니다.
내가 좋아하는 원석과 소중한 사람이 좋아하는 원석을 활용해보는 건 어떨까요?
예쁜 색감의 원석으로 세상에 단 한 쌍뿐인 팔찌를 만들어보세요.

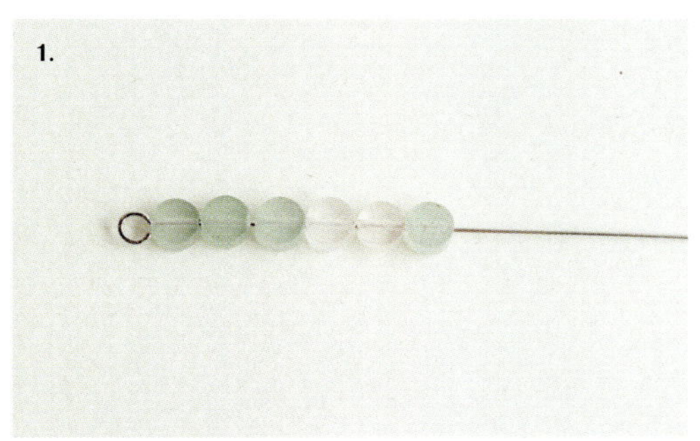

1.

9핀에 그린 아벤츄린 쿼츠와 로즈 쿼츠를 번갈아가며 3개, 2개, 1개씩
끼운다.

2.

핀 끝에 9자말이를 한다. 양쪽 고리의 모양이 반드시 ∞ 모양(p.35 Tip 참
고)이 되도록 말아준다.

3.

한쪽 9자 고리에 체인을 단다.

4.

반대쪽 고리에도 체인을 단다.

5.

한쪽 체인 끝에 C링으로 SR 장식을 단다.

6.

반대쪽 체인 끝에는 O링과 연장 체인 10mm를 연결한다.

연장 체인의 끝에 O링을 단다. 취향에 따라 A바를 달아도 좋다.

완성!

색의 조합을 다르게 해 친구나 연인과 함께 착용할 수 있는 아이템으로 활용해 보자.

Styling
Tip 열은 초록색과 분홍색 원석이 캐주얼한 옷차림에 잘 어울려요.
깔끔한 느낌의 티셔츠와 함께 착용해 보세요.

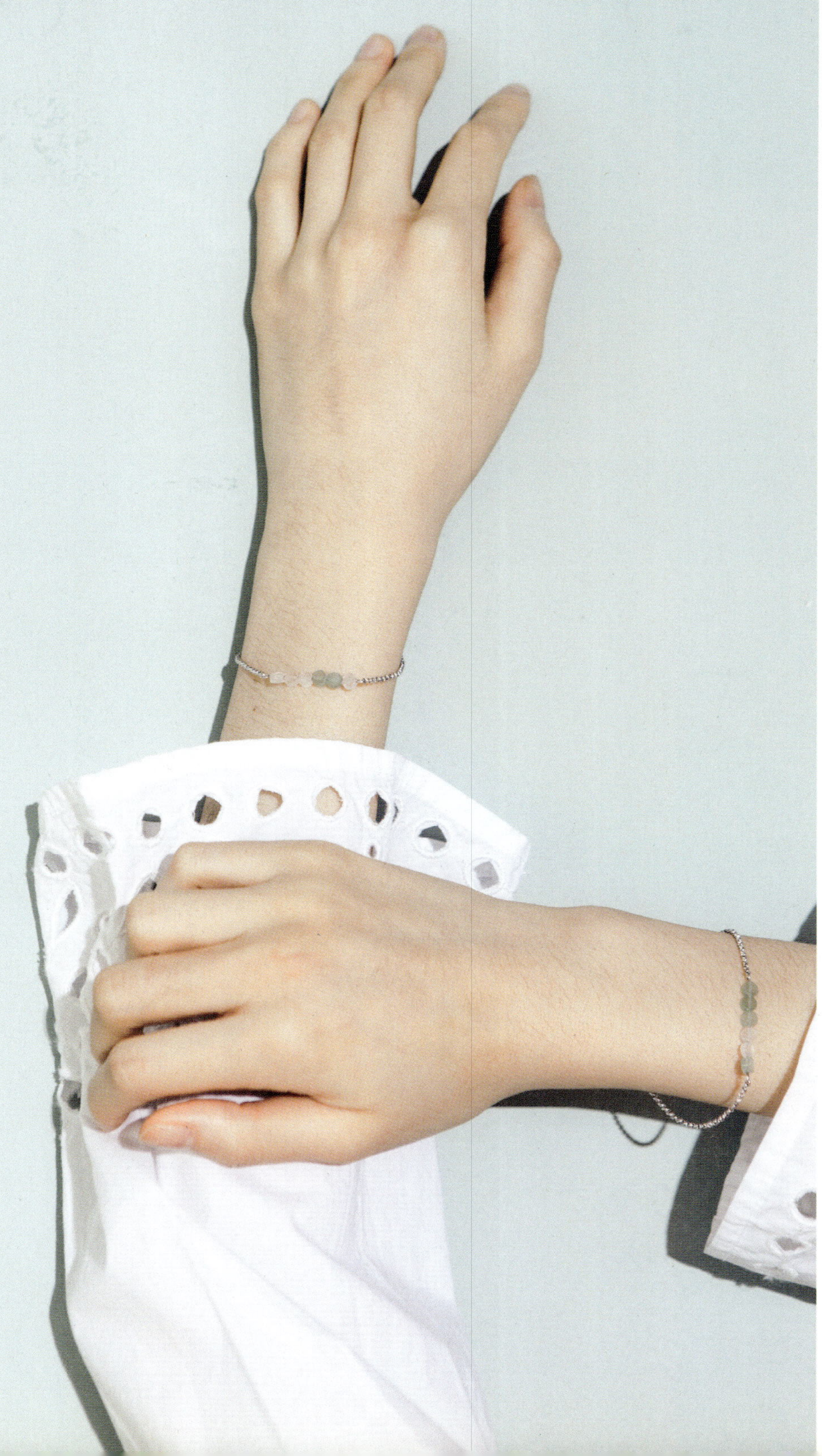

Level 2

Rose Disc
Urethane Bracelet

펜던트를 정면으로
예쁘게 달기

로즈 쿼츠 오벌디스크형, 6×4mm, 19개

래브라도라이트 디스크형, 지름 8mm, 1개

금볼 : 지름 2mm, 20개

우레탄 줄 : 굵기 0.5mm, 길이 250mm, 1개

접착제 : 록타이트 401

로즈 디스크 우레탄 팔찌

흔히 볼 수 있는 라운드 원석이 아닌, 디스크형 원석으로 만든 우레탄 줄 팔찌입니다.
깨끗하고 청순한 느낌 때문에 인기가 많습니다. 특히 금볼을 원석 사이마다 배치해
형태의 강약을 준 것이 포인트예요. 보다 시원한 느낌을 원한다면
가운데 원석을 투명한 원석으로 만들어 보는 것을 추천합니다.

투명한 우레탄 줄은 사진상으로 잘 보이지 않아, 검은 우레탄 줄로 대체하여 설명합니다.

1.

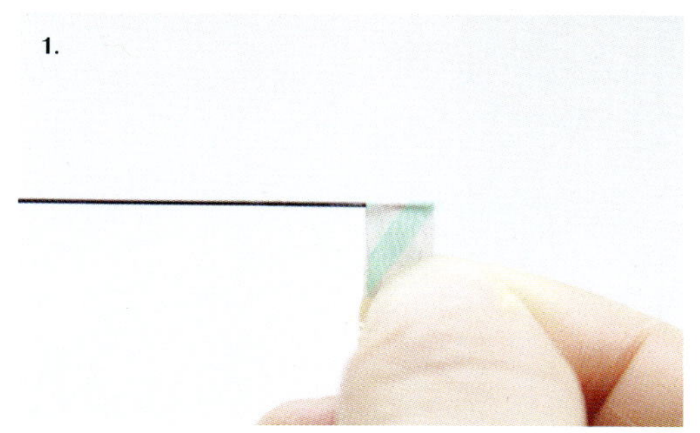

2.

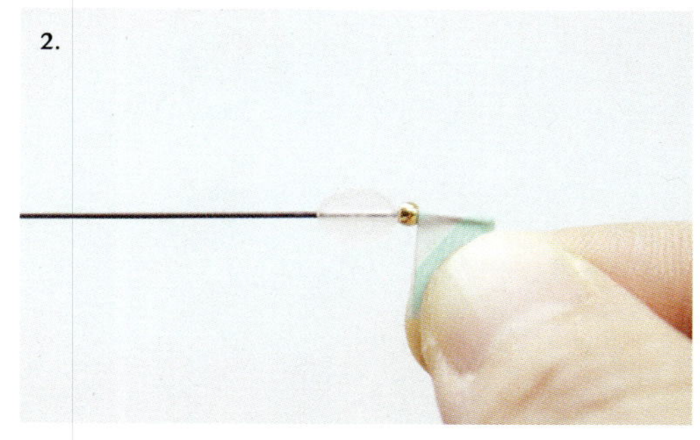

우레탄 줄의 한쪽 끝에 테이프를 붙인다. 이렇게 하면 원석을 편리하게
꿸 수 있다.

금볼과 로즈 쿼츠 디스크 원석을 번갈아가며 꿴다.

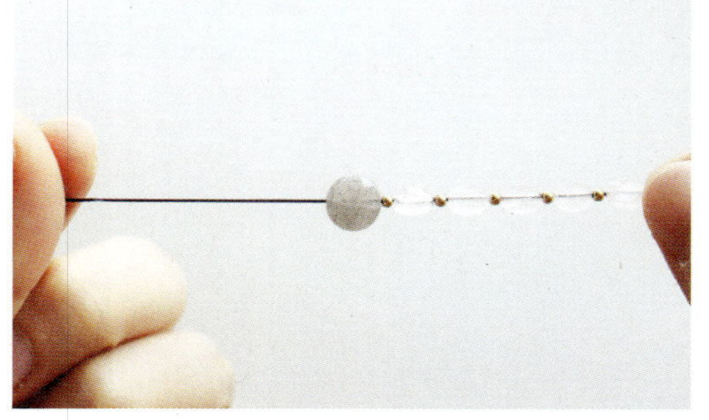

마지막 금볼을 꿴 뒤에는 래브라도라이트 원석을 꿴다. 이렇게 하면 우레탄 줄의 한쪽 끝에는 금볼이, 반대 쪽 끝에는 래브라도라이트 원석이 오게 된다.
Tip | 우레탄 팔찌는 160mm까지 원석을 꿰면 일반적인 팔찌 길이가 된다.

3.

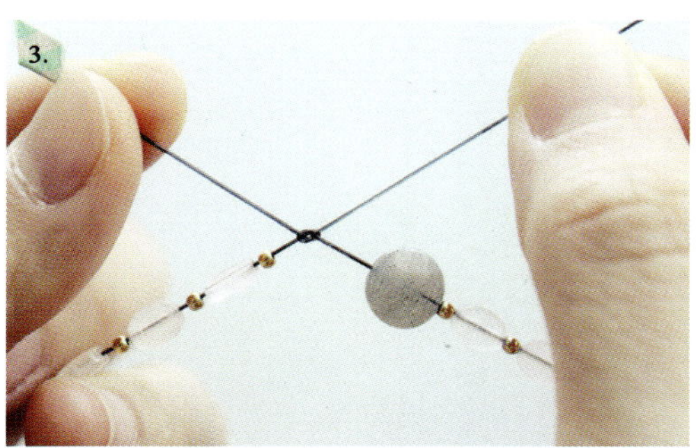

4.

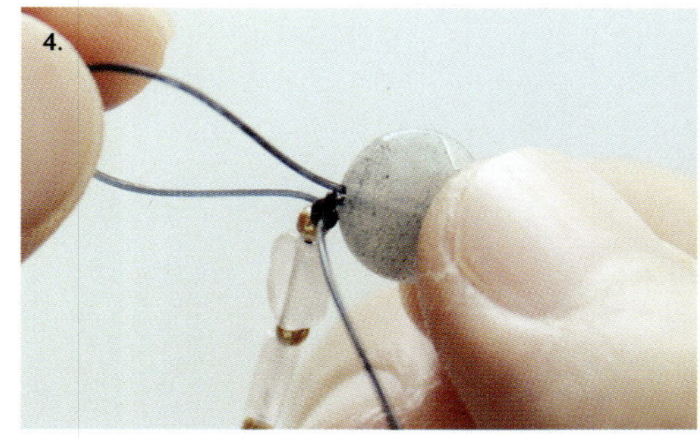

우레탄 줄을 두 번 묶어 매듭을 짓는다.

매듭을 지은 후, 래브라도라이트 원석 쪽에 있는 줄을 래브라도라이트 원석
의 구멍으로 넣어서 통과시킨다.

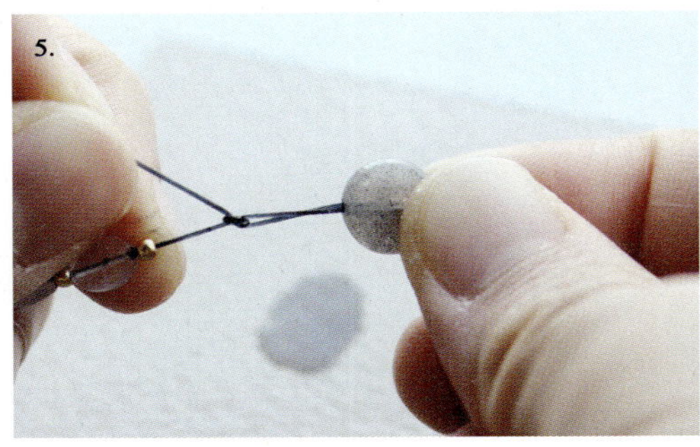

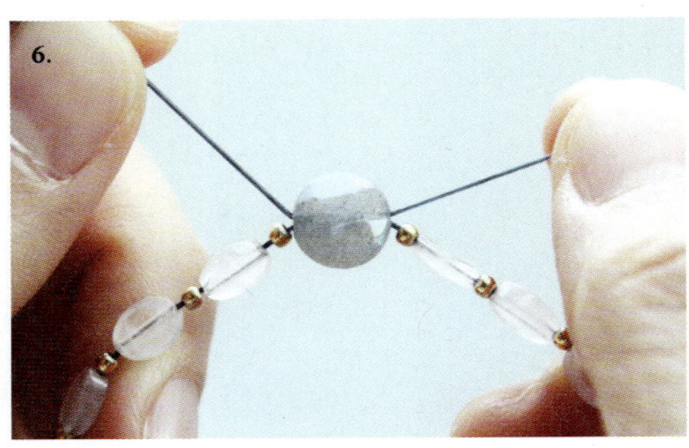

종이 위에 록타이트를 조금 덜어두고 우레탄 줄을 양쪽으로 두 줄씩 잡은
상태에서 덜어 놓은 접착제 위로 매듭을 빠르게 굴린다.

순간접착제가 마르기 전에 재빠르게 양쪽으로 줄을 당겨 로즈 쿼츠 디스크
구멍 안으로 매듭을 숨긴다.

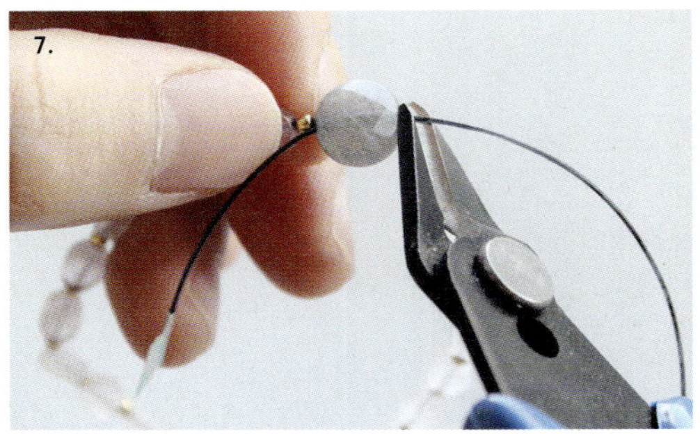

튀어나온 우레탄 줄을 짧게 자른다.

완성!

Styling
Tip

잔잔한 느낌의 원석이 어떤 옷에든 튀지 않게 어울립니다.
시원하면서도 깔끔한 느낌으로 착용해보세요.

Green Onyx
Bracelet

Level 2

와이어 활용하기

그린 오닉스 팔찌

제가 좋아하는 그린 오닉스를 마음껏 활용해 보고 싶어서 디자인한 팔찌예요.
청량한 초록색이 은빛 체인과 만나 더욱 시원해 보입니다. 팔찌의 절반이 그린 오닉스로
이뤄져서, 어느 방향에서 봐도 빛이 나요. 그린 오닉스 팔찌에서는 작은 원석들을
와이어에 엮은 뒤 체인에 루핑하는 방법을 배울 수 있어요.

1.

와이어에 그린 오닉스를 줄줄이 꿰어준다.
Tip | 꿰는 쪽의 반대편 와이어 끝에 테이프를 붙이면, 원석을 꿸 때 와이어
밖으로 원석들이 빠지지 않는다.

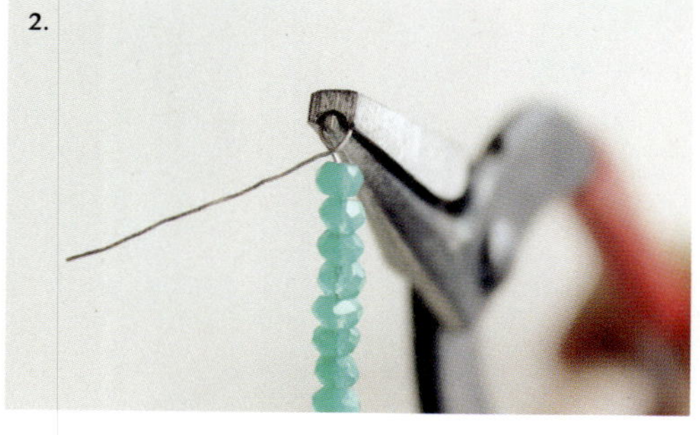

2.

와이어의 한쪽 끝을 루핑한다. 우선 9자말이 집게로 고리 하나를 만든다.

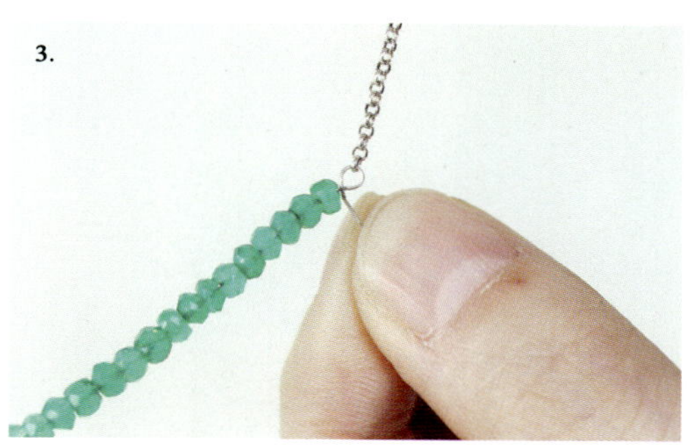

3.

와이어 고리에 체인을 꿴 뒤, 화살표가 표시된 곳에 와이어를 두어 번 감
는다.

4.

두어 번 감고 남은 와이어는 니퍼로 자르고, 자른 부분을 평집게로 꼭꼭 눌
러 튀어나오는 와이어가 없도록 정리한다.

5.

반대쪽 와이어에도 **2~4**를 반복한다.

체인 두 개가 와이어에 연결됐다.

한쪽 체인 끝에 C링으로 SR 장식을 단다.

반대쪽 체인 끝에는 O링과 연장 체인 10mm를 연결한다.

연장체인의 끝에 O링을 단다. 취향에 따라 A바를 달아도 좋다.

완성!

청량한 느낌의 그린 오닉스가 시원하면서도 활기찬 느낌을 줍니다.
그린 오닉스의 청량감을 가장 잘 살리려면 흰색 상의와 함께 착용하길 추천합니다. 싱그러운 분위기가 만들어질 거예요.

Styling
Tip

낙엽이 물드는 가을에는 차분하면서도 깊이 있는 색의
액세서리를 착용하는 즐거움이 있습니다.
은은한 색감의 원석으로 우아하면서도 세련된 액세서리를 만들어보세요.

Amethyst Bracelet / Rutilated Quartz Ring / Pearl Bracelet for Layering
Garnet Earring / Smoky Quartz Necklace

Amethyst
Bracelet

양쪽 9자말이
활용하기

Material	
자수정 슬라이스 원석, 8×20mm, 1개	
T핀 : 굵기 0.5mm, 길이 20mm, 1개	
O링 : 굵기 0.7mm, 지름 4mm, 3개	
체인 : 길이 68mm, 2개	
붕어 장식과 A바 : 1쌍	

Metal

T핀은 은이나 무(無)니켈 백금 도금 황동 중에서,
나머지 부속품은 은, 무(無)니켈 백금 도금 황동,
서지컬 스틸 중에서 어떤 소재로 만들어도 좋다

Length

175mm

자수정 팔찌

지금까지 소개한 체인 팔찌와 느낌이 또 다른 이 팔찌는 보기와 달리 양쪽 9자말이를
활용해 쉽게 만들 수 있습니다. 양쪽 9자말이라는 기본기만 익히면 원석의 모양과 체인의
굵기를 달리하는 것만으로도 다양한 디자인이 가능하다는 점을 잘 보여주는 작품이에요.
가을철 열리는 뮤직 페스티벌을 상상하며 거칠고 자연스러운 느낌의 원석을 사용했어요.

자수정 원석을 핀에 꽂는다.
Tip | 핀은 서지컬 스틸보다는 은이나 백금 도금 황동 소재가 좋다. 서지컬
스틸 핀은 너무 단단해서 9자말이를 하다가 원석이 깨지기 쉽다.

핀의 양쪽을 9자로 말아준다.

한쪽 고리에 굵은 체인을 단다.

반대쪽 고리에도 같은 체인을 단다.

한쪽 체인 끝에 O링으로 붕어 장식을 연결한다.
Tip | 체인과 원석 모두 무게가 있기 때문에 클래습은 SR 장식보다 튼튼한
붕어 장식을 사용한다.

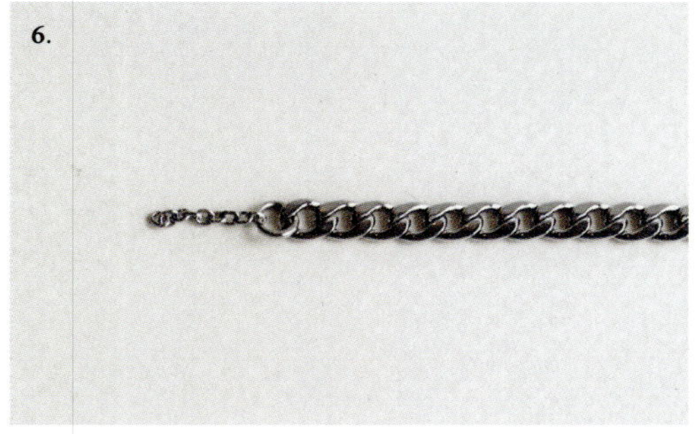

반대쪽 체인에 연장 체인을 단다. 3, 4에서 쓴 체인보다 얇은 체인이 보
기에 깔끔하다.

7.

연장 체인 끝을 취향에 따라 O링 혹은 A바로 마무리한다.

8.

완성!

원석 특유의 거친 매력이 돋보여 소풍이나 여행지,
뮤직 페스티벌 등에서 자유로운 느낌을 연출하기에 좋습니다.

Styling
Tip

원석 특유의 거친 매력이 돋보여 소풍이나 여행지,
뮤직 페스티벌 등에서 자유로운 느낌을 연출하기에 좋습니다.
짧은 바지에 보헤미안 느낌의 로브를 걸쳐도 예쁘게 어울릴 거예요.

Level 1

Rutilated Quartz
Ring

와이어를 이용해
반지 만들기

| Material
골드 침수정, 지름 13mm, 1개
와이어 : 굵기 0.6mm, 강성, 길이 55mm 1개
T핀 : 굵기 0.5mm, 길이 30mm 1개

| Metal
손가락은 물이 잘 닿는 부위이므로 물에 의한 변색을
방지하기 위해 무(無)니켈 백금 도금 은으로 만드는 것을 추천한다

| Tip
반지는 정확한 크기가 중요하므로 와이어를 자를 때
착용할 손가락의 둘레를 종이나 실로 잰 뒤 진행한다
손가락 둘레+10mm의 길이로 와이어를 사용하면 알맞다
손가락의 둘레가 50mm이라면 60mm의 와이어를 준비한다

골드 침수정 반지

와이어를 이용해 손쉽게 만들 수 있는 반지입니다.
반지에 어떤 원석을 다느냐에 따라 무척 다양한 분위기를 연출할 수 있습니다.
마음에 드는 원석으로 나만의 반지를 만들어보세요.
원석은 적당히 작고 가벼운 것을 추천합니다.

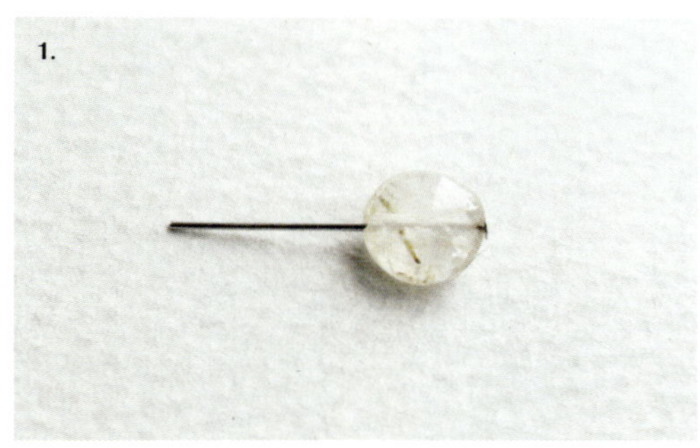

T핀에 골드 침수정 원석을 꿴다.

핀 끝에 9자말이로 고리를 만든다.

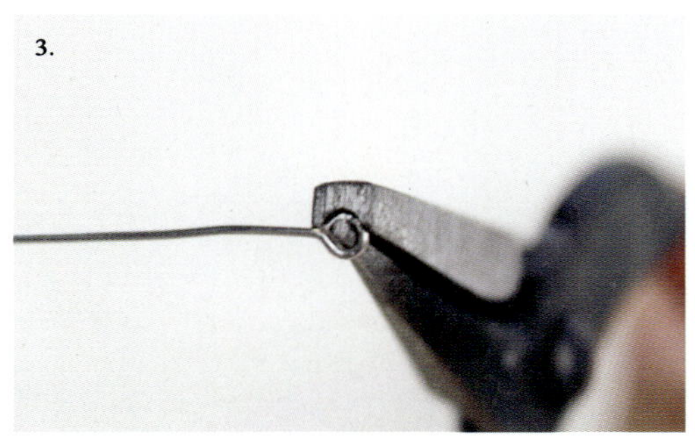

은 와이어의 한쪽 끝을 9자로 만다.

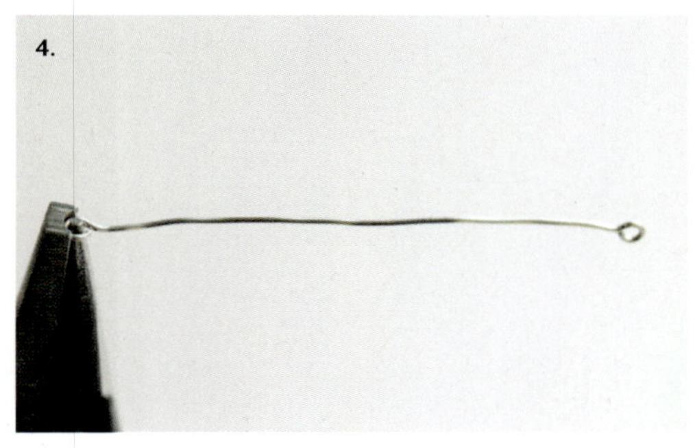

와이어의 반대쪽 끝도 9자로 만다. 양쪽 9자말이를 할 때처럼 와이어 끝 두 고리의 모양이 ∞가 되도록(p.35 Tip 참고) 한다.

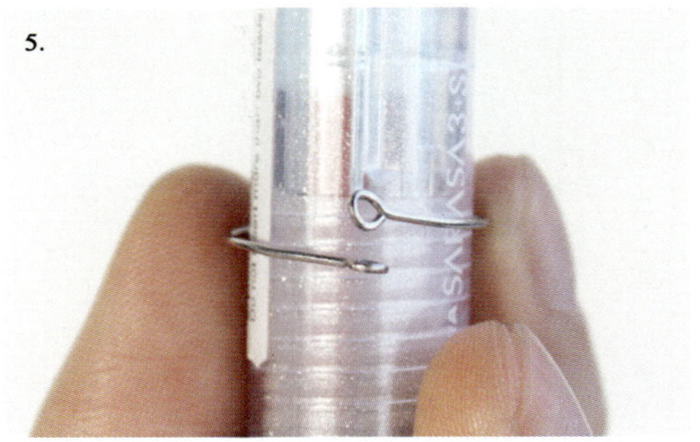

반지의 형태를 갖추도록 둥근 물체에 와이어를 대고 조금씩 눌러가며 동그랗게 말아준다.

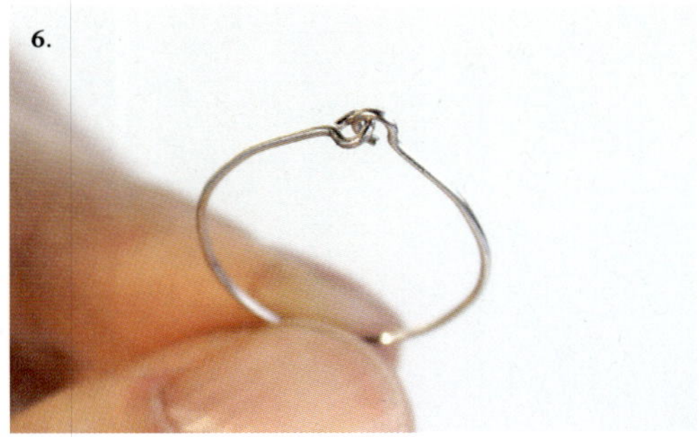

양쪽 끝의 고리를 서로 걸고 평집게로 고리를 잘 눌러 닫는다.

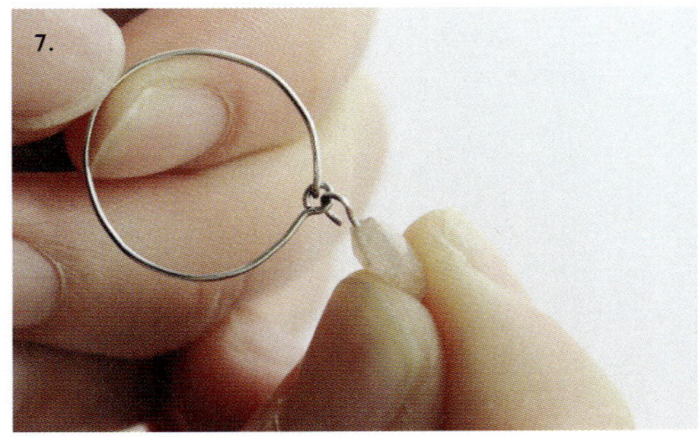

7.

걸쳐진 두 고리 중에서 공간 여유가 있는 쪽에 **2**에서 만들어둔 골드 침수정 펜던트를 단다.

8.

완성!

달랑거리는 옅은 레몬빛 원석이 스타일에 활기를 더해줘요.
인디 핑크색 원피스에 함께 매치해보세요.
튀지 않지만 기억에 남는 룩이 완성될 거예요.

Styling
Tip | 달랑거리는 옅은 레몬빛 원석이 스타일에 활기를 더해줘요.
인디 핑크색 원피스에 함께 매치해보세요.
튀지 않지만 기억에 남는 룩이 완성될 거예요.

Level 2

Pearl Bracelet
for Layering

체인 없이
팔찌 만들기

원석 : 분홍색 진주 5×4mm, 16개

T핀 : 굵기 0.5mm, 길이 30mm, 16개

O링 : 굵기 0.5mm, 지름 3mm, 2개

연장 체인 : 길이 10mm, 1개

SR 장식과 A바 : 1쌍

은, 무(無)니켈 백금 도금 황동 중 어떤 소재로 만들어도 좋다

서지컬 스틸로 된 T핀은 너무 단단해 만드는 과정에서 원석이

깨질 수 있기 때문에 추천하지 않는다

180mm

진주 레이어링 팔찌

T핀으로 원석 여러 개를 쭉 연결하는 기법을 활용해 체인 없이 팔찌를 만들었어요.
이 팔찌는 단독으로 해도 좋고, 다른 팔찌와 레이어링하기에도 좋습니다.
원석의 크기가 작을수록 무난한 느낌이 살아납니다.
취향에 맞는 레이어링 팔찌를 만들어보세요.

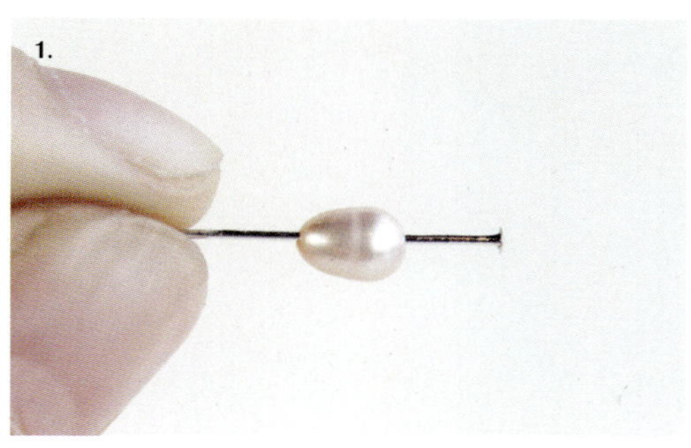

1. 진주를 핀에 통과시킨다.

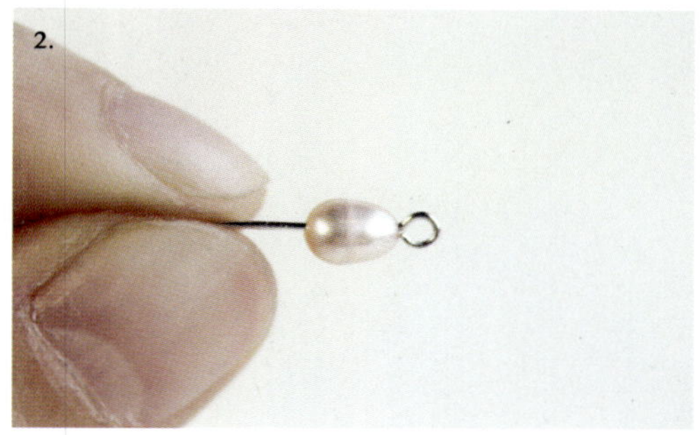

2. 핀의 한쪽을 9자로 만다.

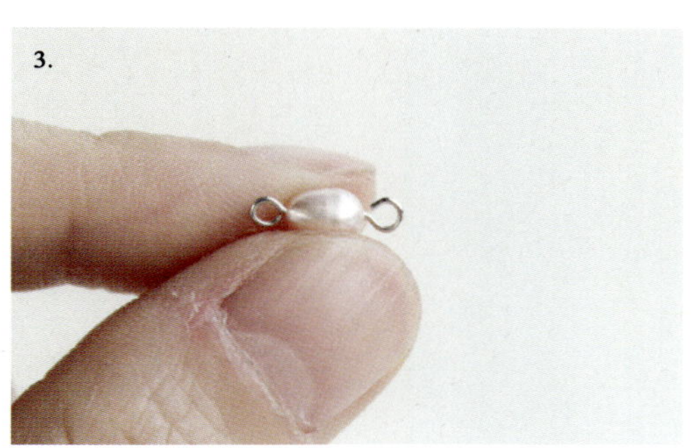

3. 핀 양쪽을 9자로 만다.

4. 팔찌에 사용할 진주의 개수만큼 3을 만들어두고 하나씩 고리를 엮는다. 이때, 연결한 고리가 빠지지 않도록 평집게로 고리를 잘 닫아 준다.

5. 한쪽 끝에 SR 장식을 단다. 별도의 링 없이 9자 고리에 바로 연결한다.

6. 반대쪽 체인 끝에는 늘 그랬듯 O링과 연장 체인 10mm를 연결한다.

7.

연장 체인 끝을 기호에 따라 O링 혹은 A바로 마무리한다.

8.

완성!

Styling | 은은한 분홍빛 진주가 우아한 느낌을 줍니다.
Tip | 짙은 색의 원피스나 셔츠에 코디하면 세련된 느낌을 연출할 수 있어요.

Level 3 | # Garnet Earring | 귀 걸 이 클 러 치
활 용 하 기

브라질리언 가넷 커팅 라운드, 지름 3mm, 12개

귀걸이 포스트 : 큐빅 포스트, 1쌍

T핀 : 굵기 0.5mm, 길이 20mm, 8개

O링 : 굵기 0.7mm, 지름 4mm, 2개

체인 : 길이 30mm-2개, 길이 40mm-4개, 길이 45mm-2개

귀걸이는 특히 알레르기가 잘 일어나니
은 혹은 서지컬 스틸로 만드는 것을 추천한다

가넷 귀걸이

블루베리같이 작고 귀여운 가넷 원석을 발견한 날 디자인한 귀걸이예요.
귀걸이 뒤 클러치에 장식을 달아 입체감을 살린 점이 디자인 포인트입니다.
클러치를 갈아 끼우면 또 다른 느낌을 낼 수 있어요.

1.

한쪽 9자말이를 한 핀에 가넷 원석 3개를 꿴다.

2.

양쪽 9자말이를 한다.

3.

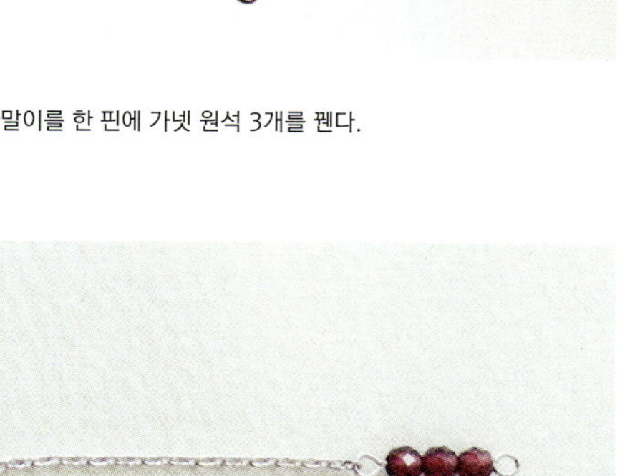

2의 한쪽 고리에 길이 30mm 체인 하나를 연결한다.

4.

귀걸이 포스트에 달린 고리에 **3**을 연결한다.

5.

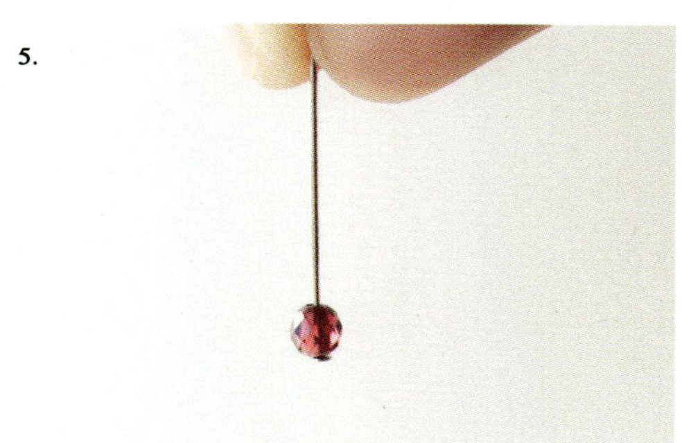

클러치에 달 장식을 만든다. 먼저 T핀에 가넷 하나를 꿴다.

6.

원석의 위쪽에 9자말이를 한다. **5~6**을 두 번 더 반복한다.

7.

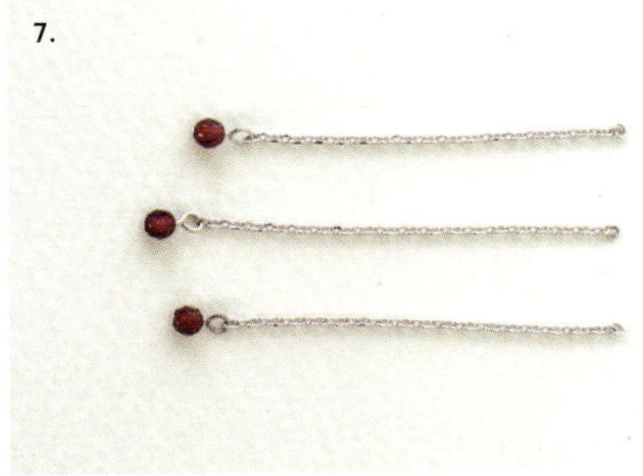

6에서 만든 3개의 원석을 40mm 체인 2개와 45mm 체인 1개에 각각 연결한다.

8.

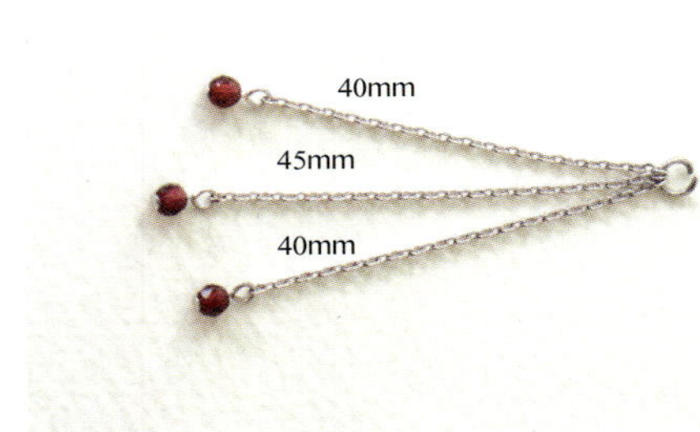

7에서 완성한 3개의 체인을 40mm, 45mm, 40mm의 순서대로 O링에 넣는다. 다 넣은 뒤, 링은 닫지 않는다.

9.

8의 O링을 귀걸이 뒷부분 클러치의 한쪽 구멍에 넣는다.

10.

1~9를 반복하여 반대쪽 귀걸이도 똑같이 만든다.

11.

완성!

Styling Tip | 짙은 와인 색감의 가넷은 검은색과 시크하고 신비롭게 어울립니다.
검은색 원피스나 셔츠와 함께 착용해보세요.

Level 3

Smoky Quartz
Necklace

루 핑
활 용 하 기

오각형 스모키 쿼츠, 8×7mm, 1개

아게이트 라운드형, 3mm, 6개

T핀 : 굵기 0.5mm, 길이 30mm, 6개

C링 : 굵기 0.5mm, 1개

O링 : 굵기 0.6mm, 지름 3mm, 2개

와이어 : 굵기 0.3mm, 길이 40mm, 1개

체인 : 길이 30mm-6개, 길이 96mm-2개

연장 체인 : 길이 30mm, 1개

SR 장식과 A바 : 1쌍

Metal

은, 무(無)니켈 백금 도금 황동, 서지컬 스틸 중
어떤 소재로 만들어도 좋다

Length

460mm

스모키 쿼츠 목걸이

흔하지 않은 오각형 스모키 쿼츠 원석을 더 멋지게 활용하기 위해
유사한 색감의 아게이트 원석을 같이 사용했어요. 투명하면서도 짙은 색감의 원석들이
깊이 있는 가을 스타일을 완성하는 데에 도움을 줄 거예요.

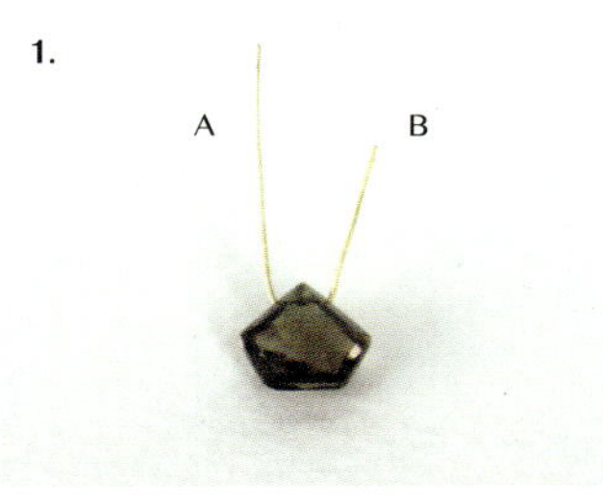

1.

루핑(p.36 참고)을 한다. 먼저 오각형의 스모키 쿼츠 원석의 구멍에 와이어를 통과시킨다. 이때, 원석을 중심으로 왼쪽 구멍에 와이어가 더 길게 빠져나오도록 한다. 편의상 길게 빠져나온 와이어를 A, 짧게 빠져나온 와이어를 B라고 한다.

2.

평집게로 와이어를 한꺼번에 잡으며 와이어가 원석에 딱 붙은 채 모아지도록 정리한다.

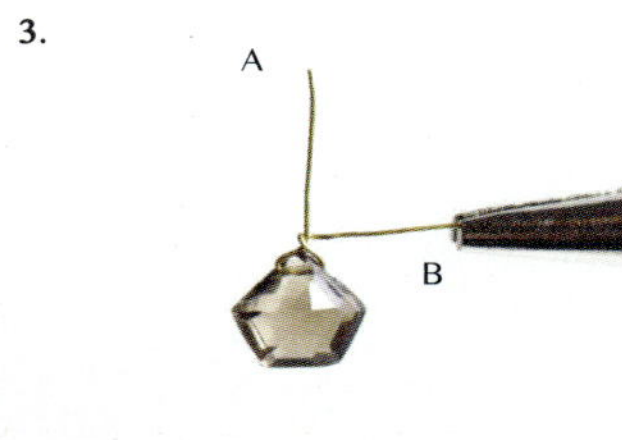

3.

B를 A 위로 넘긴다.

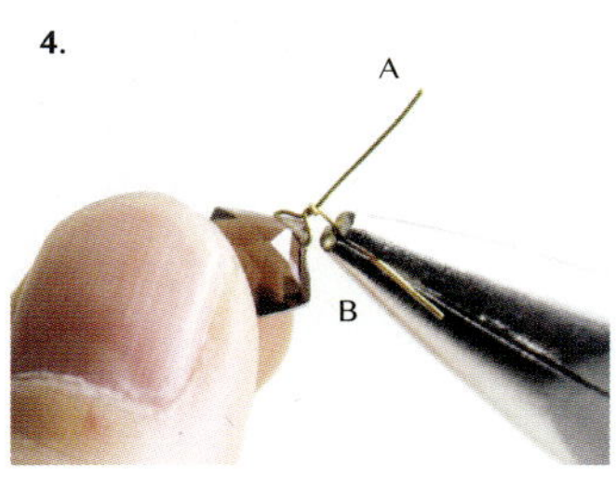

4.

B로 A를 세 번 감싸듯 감아올린다. 한쪽 손으로 원석을 잡고, 다른 쪽 손에 든 평집게로 B를 집고 감으면, 촘촘하게 감을 수 있다.

5.

세 번 감고 남은 와이어(B)는 니퍼로 바짝 자른다.

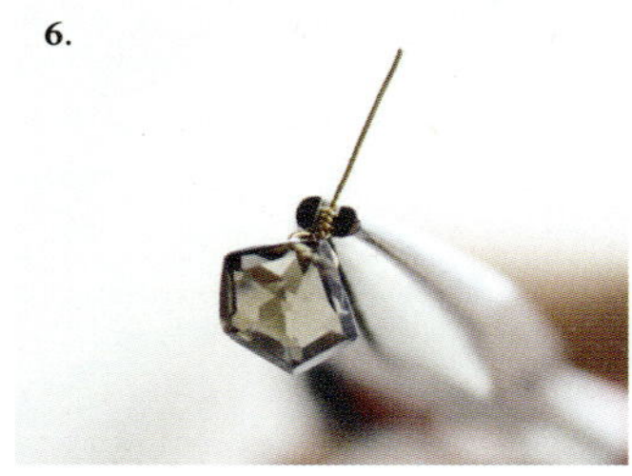

6.

감은 부분을 평집게로 여러 번 꼼꼼히 집어, 와이어(B)가 촘촘하게 감기도록 정리한다.

7.

9자말이 집게로 A에 고리를 만든다.

8.

7의 고리에 30mm 체인 2개를 연결한다.

9.

A로 4에서 말았던 B 위를 덮듯이 감는다. 이번에는 위에서 아래로 세 번 감아 내려간다.

10.

다 감았으면 튀어나오는 와이어가 없도록 니퍼로 남은 와이어를 자르고 감은 부분을 평집게로 여러 번 집어 마무리한다. 이렇게 하면 와이어가 단단하게 정리된다. 이때 **7**에서 만든 고리는 정면을 향하도록 해야 오각형 펜던트가 예쁘게 앞을 향한다.

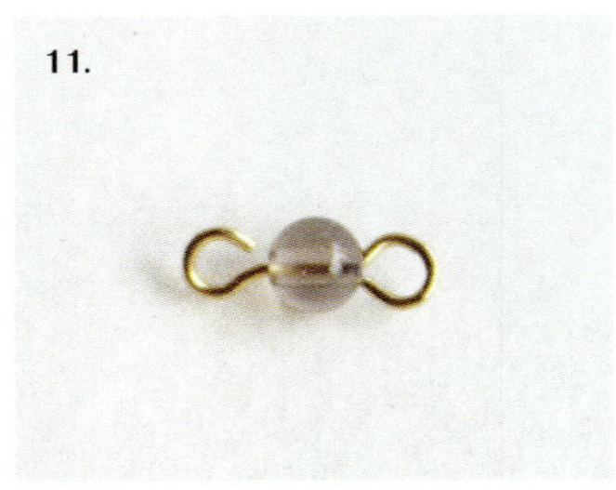

11.

T핀을 이용해서 양쪽 9자말이를 한 아게이트 라운드 원석을 만든다.

총 6개 만든다.

12.

8에서 걸어둔 체인에 아게이트 라운드 원석과 체인을 순서대로 달아서, 목걸이의 형태를 만들어 줄 차례다. **8**의 두 체인에 각각 아게이트 라운드 원석(**11**)과 체인 30mm를 3번 반복해서 연결한다.

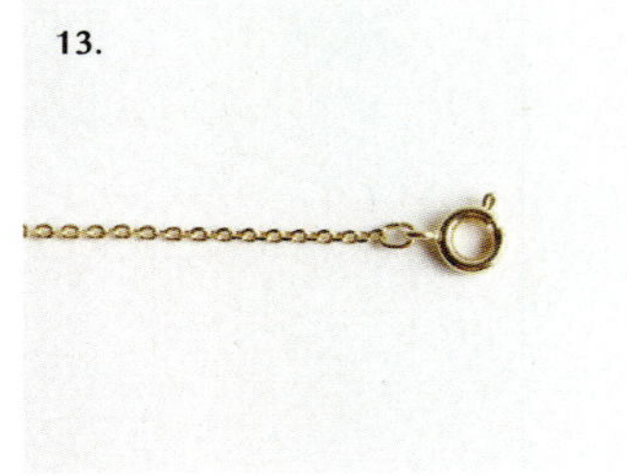

13.

한쪽 체인 끝에 C링으로 SR 장식을 연결한다.

14.

반대쪽 체인 끝에는 O링과 10mm 연장 체인을 단다.

15.

연장 체인 끝을 취향에 따라 O링 또는 A바로 마무리한다.

16.

완성!

짙은 색 원석이 눈에 띄도록 카멜 혹은 아이보리색 의상과
함께 코디해보세요. 세련되면서도 시크한 분위기를 연출할 수 있습니다.

몸 전체를 꽁꽁 싸매고 다니게 되는 겨울에는
귀걸이나 반지로 포인트를 주는 것이 좋아요.
연말 파티에서는 시선을 사로잡을 멋진 목걸이도 필요하죠.

Winter

겨울

Three-stepped Earring / Green Onix Ring Silk Thread Necklace
Double Layered Choker / Winter Necklace

Level 1

Three-stepped
Earring

펜던트를 이용한
귀걸이 만들기

펜던트 : 각기 다른 펜던트(황동+글라스) 2쌍
커넥터 : 각기 다른 커넥터(황동+글라스) 1쌍
귀걸이 포스트 : 침 포스트 1쌍
O링 : 굵기 0.6mm, 지름 3mm, 2개
접착제 : 록타이트 플렉스젤

귀걸이는 특히 알레르기가 잘 일어나므로
은 혹은 서지컬 스틸로 만드는 것을 추천한다

귀걸이 포스트는 3단 중 맨 위에 위치할
펜던트 뒷면의 면적보다 작은 면적으로 준비한다
논 피어싱으로 만들고 싶다면, 포스트 대신
논 피어싱을 준비한다

3단 귀걸이

귀걸이 펜던트를 꼭 하나만 사용하라는 법은 없어요.
마음에 드는 색의 펜던트들을 골라 줄줄이 엮으면 특별한 나만의 귀걸이를
만들 수 있습니다. 귀걸이는 길이가 길수록 우아한 느낌을 주죠.
하지만 귀를 위해 너무 무겁게 만들지는 마세요.

뒷면이 평평한 펜던트를 3단 맨 위에 위치하게 한다.
Tip | 뒷면은 **6**에서 카보숑처럼 활용된다.

3단 귀걸이에서 맨 위에 위치할 펜던트와 중간에 위치할 커넥터를 O링으
로 연결한다. 이때, 펜던트와 커넥터의 정면을 기준으로 수평으로 연결된
고리를 닫아 이용한다. 수직으로 연결된 고리는 아직 닫지 않는다.

Tip | 대부분의 커넥터에는 커넥터 정면과 수평을 이루는 고리와 수직을
이루는 고리가 하나씩 달려있다. 지금 닫는 고리는 커넥터의 정면과 수평
을 이루는 고리다.

마지막 펜던트는 펜던트에 달린 자체 고리를 이용해 중간 커넥터와 연결
한다.

귀걸이 침 포스트에 젤 접착제를 바른다. 포스트 면적을 꽉 채워 바르면 귀
걸이를 붙일 때 접착제가 많이 새어나오니 포스트 면적의 60%만 바른다.

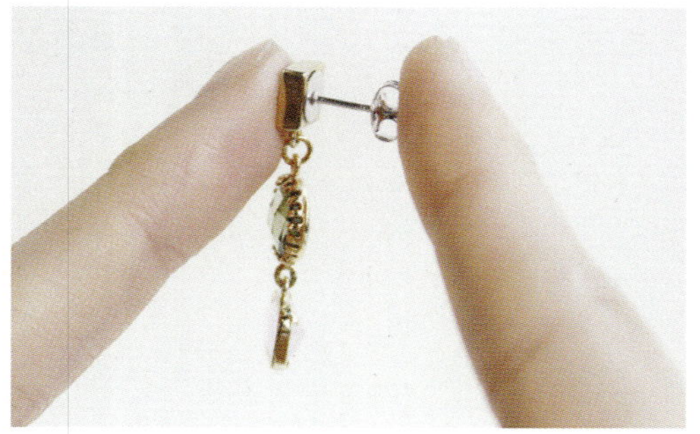

Tip | 접착할 곳(맨 위 펜던트 뒷면)을 깨끗이 닦은 후 포스트를 부착한다.
부착할 곳에 이물질이 있으면 포스트가 잘 붙지 않는다. 논 피어싱도 같은
방법으로 부착한다.

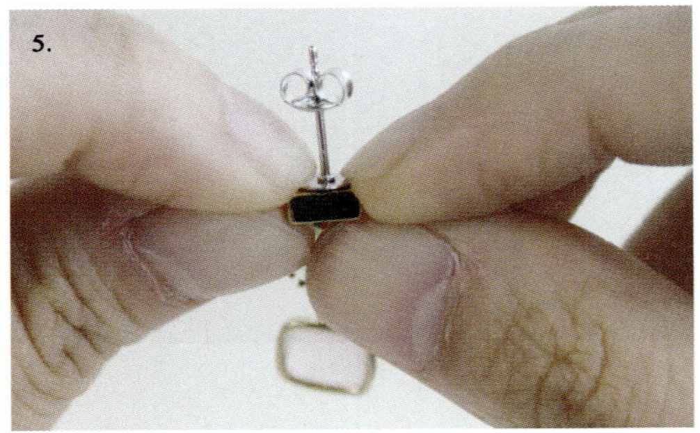

5.

맨 위 펜던트의 뒷면에 포스트를 붙이고 손으로 꾹 누른다.

6.

완성!

귀걸이 하나만으로도 충분히 포인트가 되지만, 따뜻한 소재의
폴라 넥 니트와 함께 매치하면 우아한 느낌을 최대로 살릴 수 있습니다.

Styling
Tip

귀걸이 하나만으로도 충분히 포인트가 되지만, 따뜻한 소재의
폴라 넥 니트와 함께 매치하면 우아한 느낌을 최대로 살릴 수 있습니다.

Level 1 | # Green Onyx Ring | 와이어로
반지 만들기

그린 오닉스 플랫 오벌 커팅형, 7×5mm, 1개

와이어 : 굵기 0.6mm, 길이 55mm, 1개

접착제 : E6000, 록타이트 401

손은 물이 잘 닿는 부위이므로 물에 의한 변색을

방지하기 위해 무(無)니켈 백금 도금 은을 추천한다

반지는 정확한 크기가 중요하므로 착용할 손가락의 둘레를

종이나 실로 잰 뒤 진행한다

손가락 둘레+10mm의 길이로 와이어를 잘라 사용하면 알맞다

그린 오닉스 반지

제가 무척 좋아하는 심플한 반지입니다.
강성 와이어로 쉽게 만들 수 있는 이 반지는 원석에 따라 매력이 달라져요.
좋아하는 원석으로 나만의 반지를 만들어보세요.
착용감을 위해 가능하면 납작한 플랫 형태의 원석을 사용하는 게 좋아요.

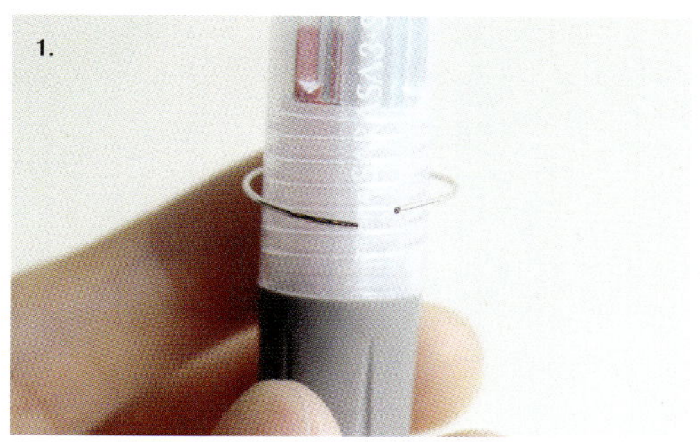

둥근 물체에 와이어를 대고 눌러 와이어를 동그랗게 만든다.

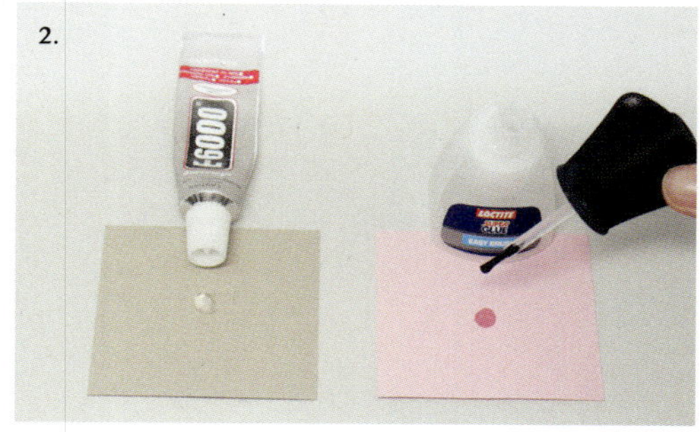

종이에 E6000과 록타이트 401을 조금씩 덜어 놓는다. 금세 굳으니 서둘러 다음 단계를 진행한다.

와이어의 한쪽 끝(2~3mm 가량)에 E6000을 바르고 살짝 말린다.

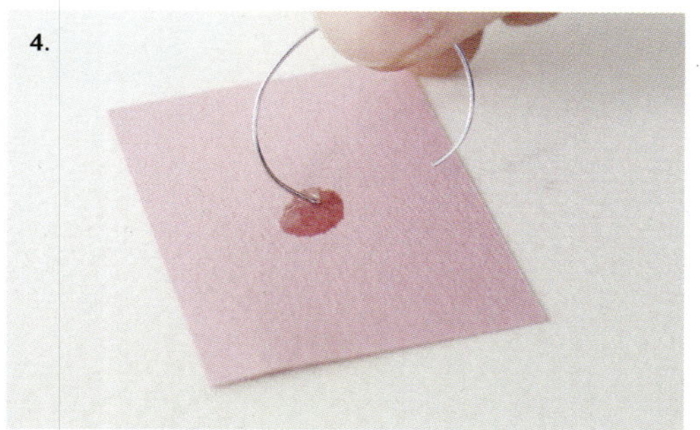

E6000을 바른 곳에 록타이트 401을 살짝 바른다.
Tip | 건조속도가 느리지만 금속에 잘 붙는 E6000과 건조는 빠르지만 금속에 잘 붙지 않는 록타이트 401의 성질을 모두 활용해 접착력을 높인다.

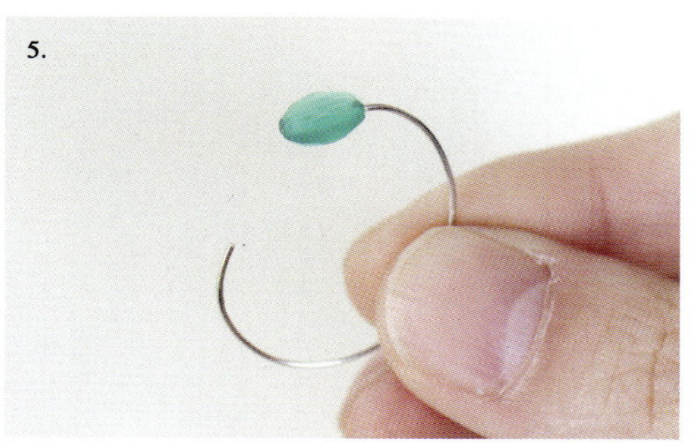

접착제를 바른 와이어를 재빨리 그린 오닉스의 구멍 안에 넣는다.

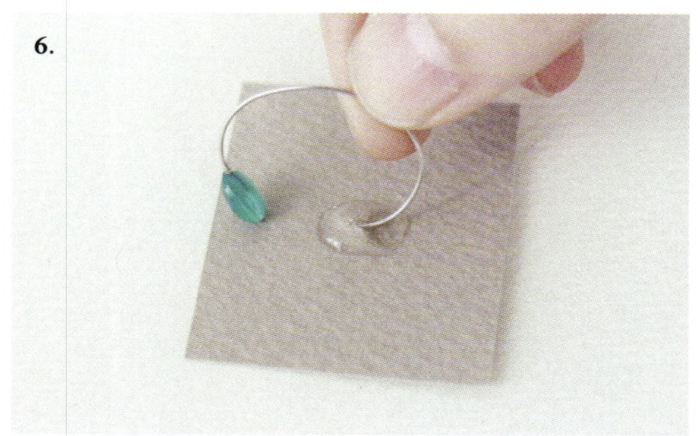

반대쪽 와이어에도 똑같이 접착제를 바른다. 먼저 E6000을 바른다.

7.

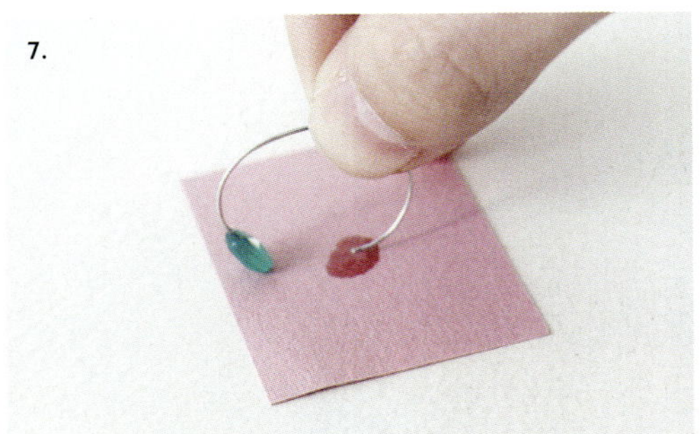

E6000을 바른 곳에 록타이트 401을 살짝 바른다.

8.

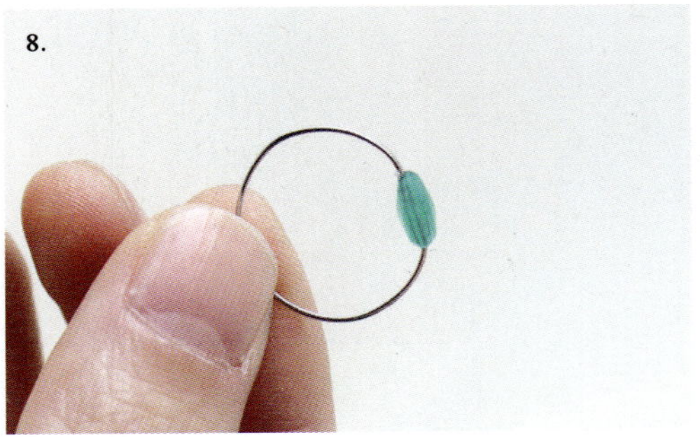

접착제를 바른 와이어를 재빠르게 그린 오닉스 구멍 안에 넣고 잠시동안
굳기를 기다린다.

9.

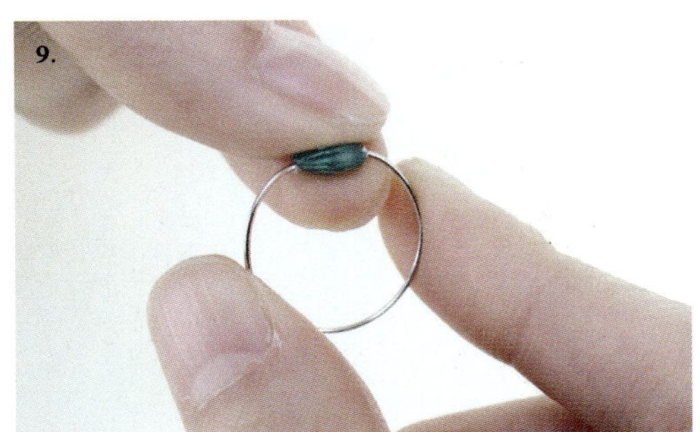

와이어를 조금씩 만져가며 반지의 모양을 잡아준다.

10.

완성! 튼튼하게 만들어졌는지 확인해보자.

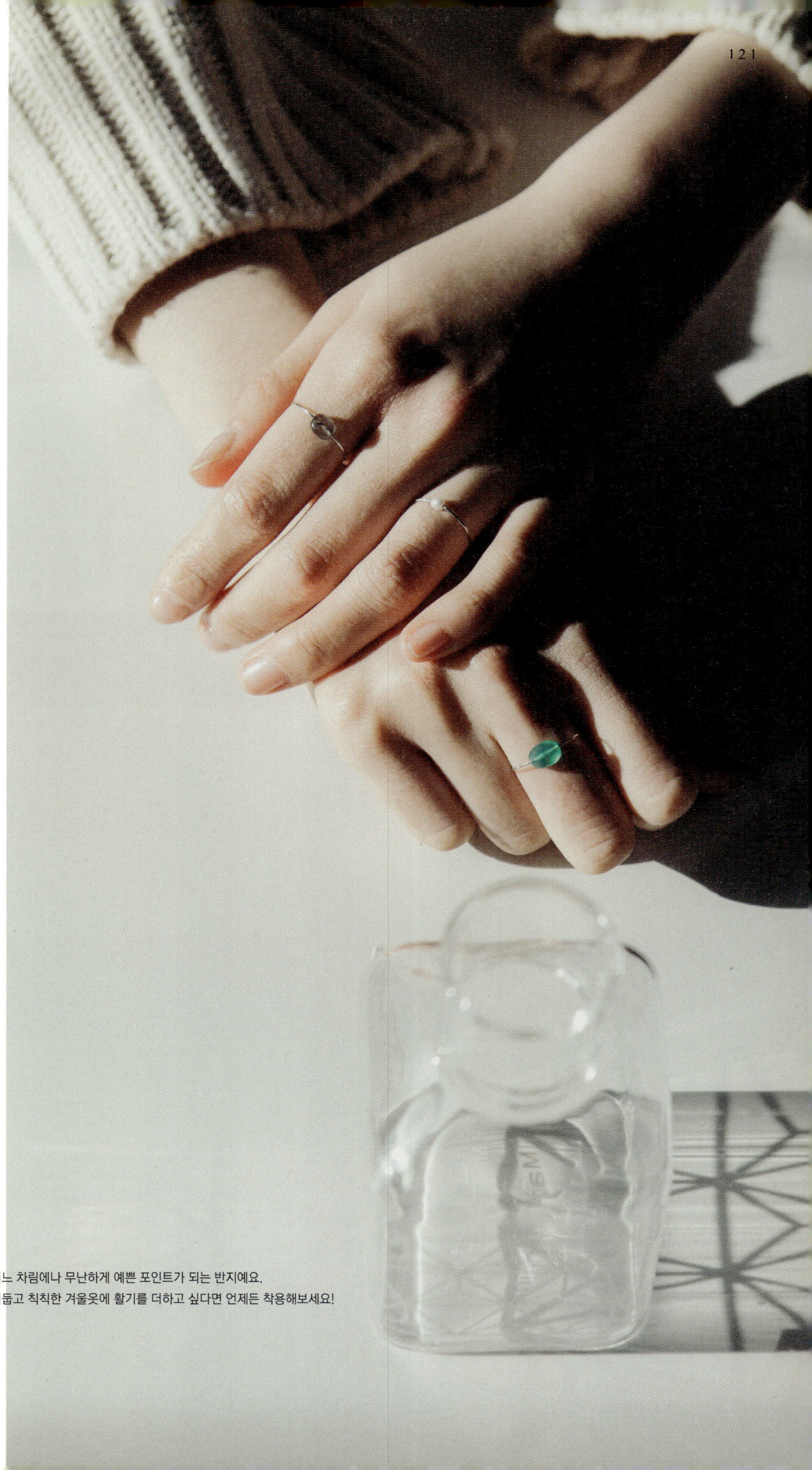

어느 차림에나 무난하게 예쁜 포인트가 되는 반지예요.
어둡고 칙칙한 겨울옷에 활기를 더하고 싶다면 언제든 착용해보세요!

Level 2

Silk Thread
Necklace

실크 줄
활용하기

백수정, 7×21mm, 1개

실크 줄 : 굵기 1mm, 길이 360mm, 1개

지프 : 2개

O링 : 굵기 0.6mm, 지름 3mm, 2개

연장 체인 : 길이 30mm, 1개

SR 장식과 A바 : 1쌍

접착제 : 록타이트 401

은, 무(無)니켈 백금 도금 황동, 서지컬 스틸 중
어떤 소재로 만들어도 좋다

425mm

실크 줄 목걸이

겨울 액세서리에 종종 실크 줄을 사용하곤 해요. 겨울에는 실크 줄이 땀에 젖을
염려가 없기 때문이죠. 금속과는 달리 무척 부드러우면서도 차갑지 않아, 추운 계절에
더욱 생각나는 소재예요. 실크 줄의 색에 따라 다양한 분위기를 연출할 수 있다는 점도
매력적입니다. 빨간 줄은 활기찬 느낌을, 검은 줄은 시크한 느낌을 낼 수 있어요.

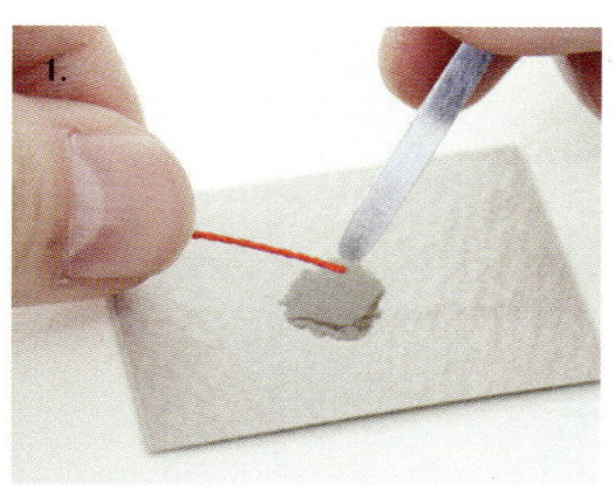

1. 실크 줄 끝에 록타이트 401을 조금 바른다. 이렇게 하면 실크 줄의 올이 풀리지 않고, 원석을 줄에 쉽게 통과시킬 수 있다.

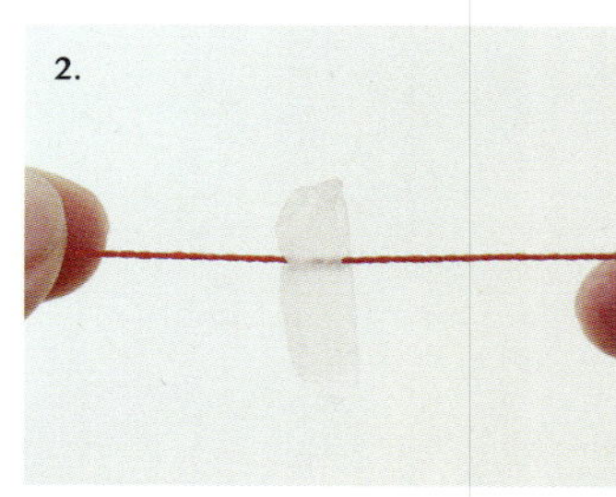

2. 실크 줄에 수정을 꿴다.

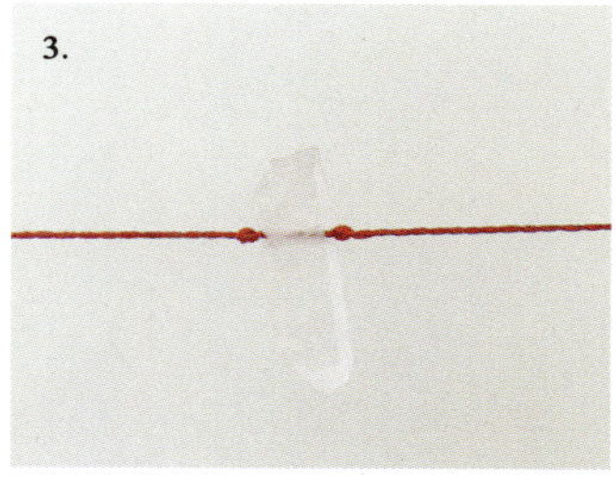

3. 수정의 위치를 고정하면서 동시에 장식적인 효과를 주기 위해 수정의 양 옆에 한 번씩 매듭을 묶는다.

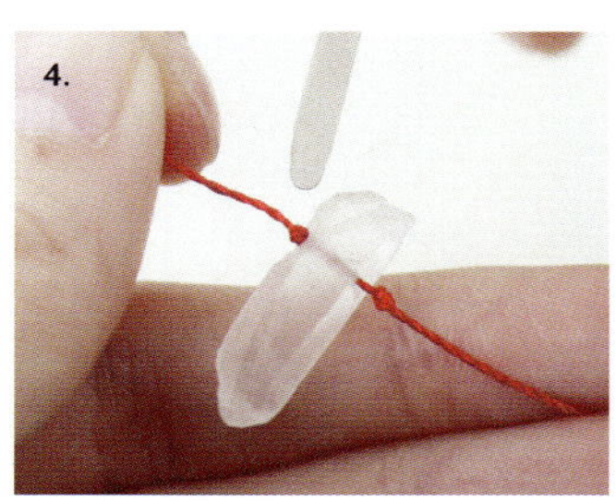

4. 실크 줄은 너무 부드러워, 매듭이 쉽게 풀린다. 핀으로 록타이트 401을 살짝 발라 매듭 위에 한 번씩만 찍어준다. 이렇게 하면 매듭이 단단하게 고정된다.

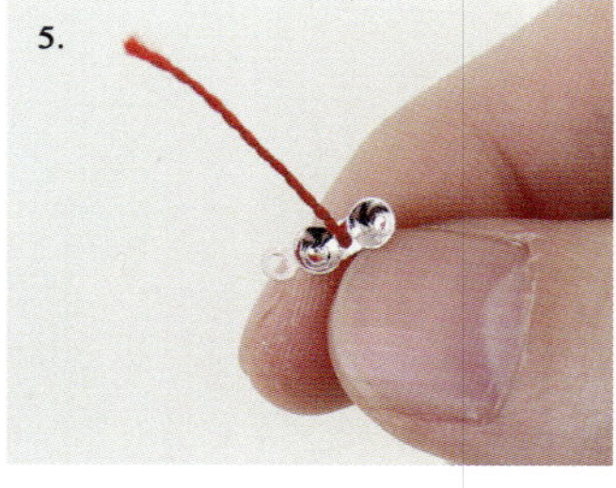

5. 실크 줄을 지프의 구멍으로 통과시킨다.

6. 실크 줄의 끝에 매듭을 만든다. 줄 끝이 구멍으로 빠지지 않는 것이 중요하므로, 같은 자리에 여러 번 매듭을 묶어 튼튼한 매듭을 만든다.
Tip | 지프를 닫았을 때 완전히 숨겨질 수 있도록 매듭을 너무 크게 만들지 않는다. 두 번 혹은 세 번 매듭을 지어주면 적당하다.

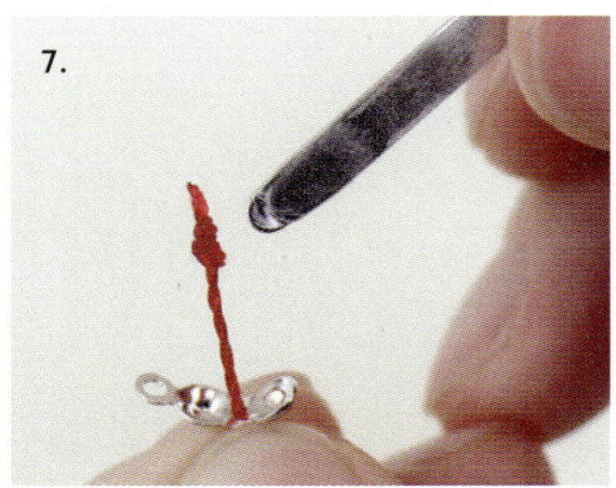

7. 핀에 록타이트 401을 묻혀 매듭 끝을 적시듯 바른다. 매듭이 돌처럼 단단하게 굳는다.

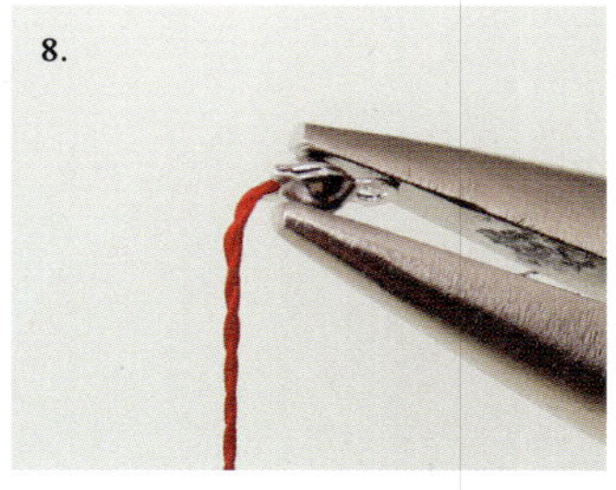

8. 평집게로 지프를 꼼꼼히 닫는다.

9. 반대쪽 줄에 **5~8**을 반복한다.

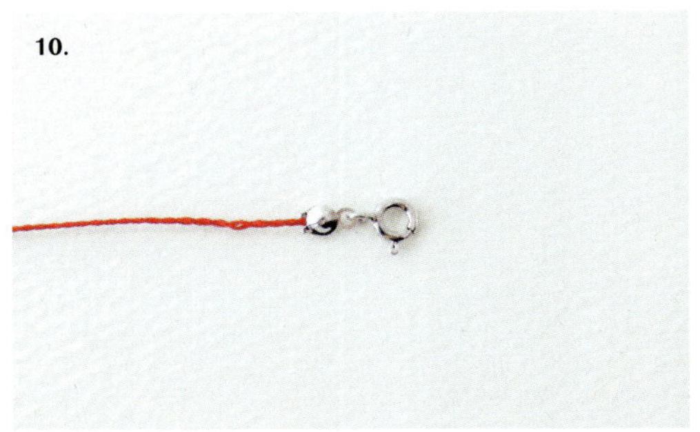

한쪽 지프 고리에 SR 장식을 연결한다.

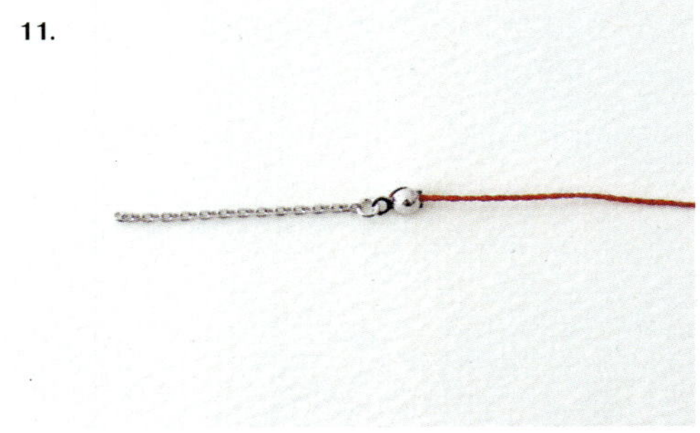

반대쪽 지프 고리 끝에는 O링과 연장 체인을 연결한다.

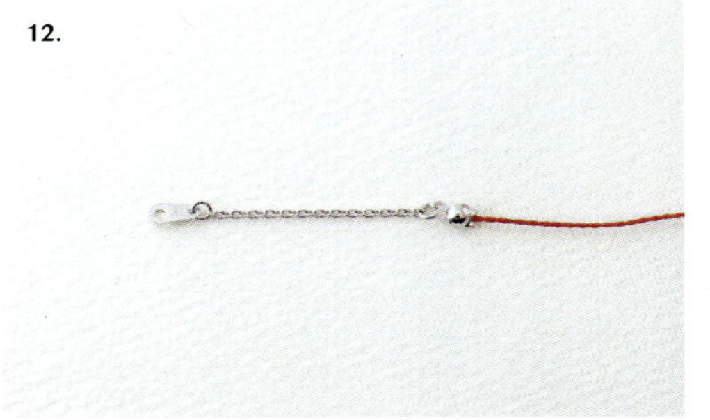

연장 체인 끝에 O링을 단다. 취향에 따라 A바를 달아도 좋다.

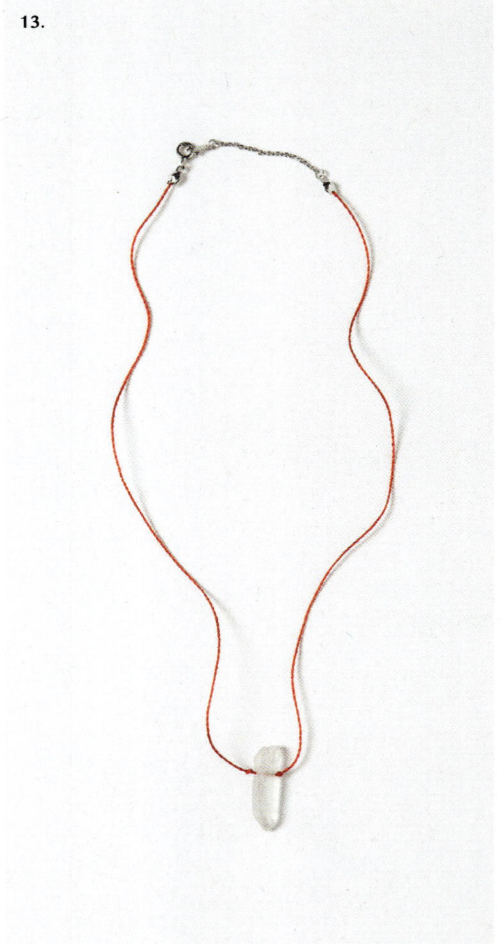

완성!

Styling Tip │ 캐주얼한 차림에 잘 어울리는 목걸이입니다.
스트라이프 티셔츠에 매치하면 독특하면서도 생기 있는 스타일을 완성할 수 있습니다.

Level 2

Double Layered Choker

가죽 끈을 활용해
초 커 만 들 기

원석 : 브라질리언 가넷 커팅 라운드형, 지름 3mm, 3개

실크 줄 : 길이 360mm, 굵기 1mm, 1개

가죽 꼬임 줄 : 길이 330mm, 굵기 3mm, 1개

은볼 : 지름 2mm, 2개

금속 론델 : 지름 5mm, 굵기 2mm, 5개

O링 : 굵기 0.7mm, 지름 4mm, 3개

클램프 : 3~4mm용, 2개

연장 체인 : 길이 30mm, 1개

SR 장식과 A바 : 1쌍

접착제 : 록타이트 플렉스젤

은, 무(無)니켈 백금 도금 황동, 서지컬 스틸 중
어떤 소재로 만들어도 좋다

390mm

두 줄 초커

겨울에는 액세서리가 땀에 젖을 우려가 적어서 다양한 소재를 부담 없이
사용해보기에 좋습니다. 가죽 끈과 실크 줄로 만드는 이 초커도
마찬가지입니다. 겨울철 시크함을 연출할 수 있는 이 초커는
목걸이를 두 개 착용한 효과를 내 간편하면서도 멋스럽습니다.

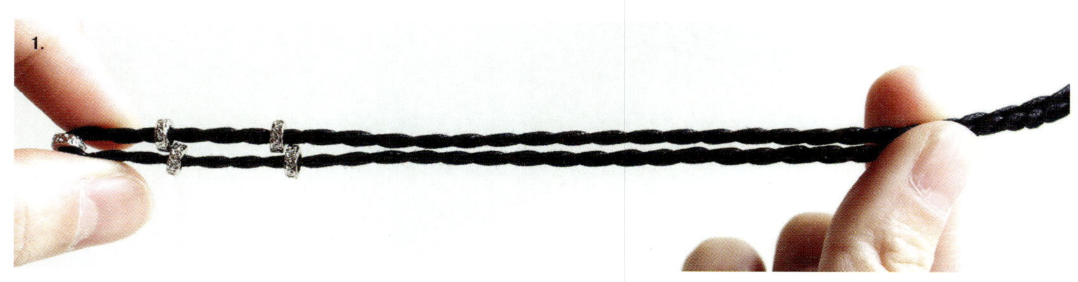

가죽 꼬임 줄에 금속 론델 5개를 끼운 뒤 반으로 접는다.

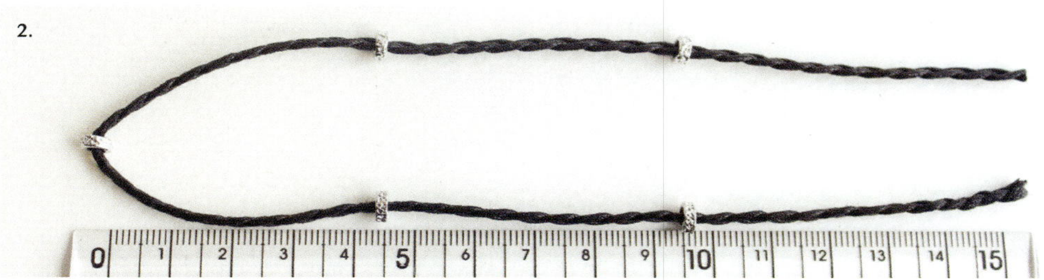

줄의 절반 지점에 금속 론델을 하나 두고, 론델의 양쪽으로 각각 50mm와 100mm 지점에 나머지 금속 론델을 놓는다.
Tip | 가죽 꼬임 줄의 굵기(3mm)와 금속 론델의 내경(3mm)이 같으면 줄에 금속 론델을 고정하지 않아도 힘을 주지 않는 한 론델이 크게 움직이지 않는다.
고정이 필요하다고 느껴지면 론델의 안쪽에 접착제를 살짝 발라 줄에 고정한다.

실크 줄의 올 풀림 현상을 막기 위해, 줄 끝에 접착제를 바른다.

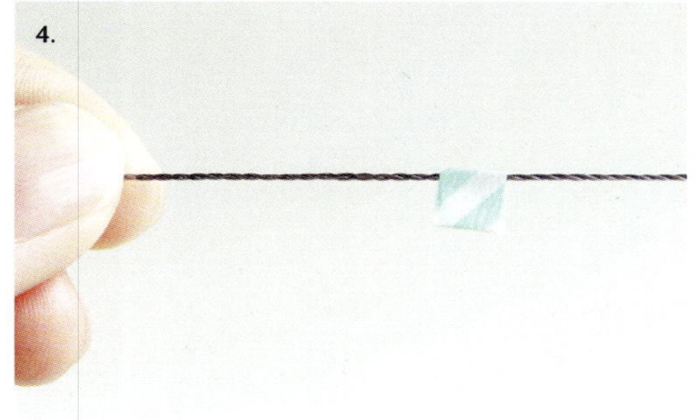

원석을 쉽게 꿸 수 있도록 실크 줄의 한쪽 끝에 테이프를 붙인다.
Tip | 테이프는 원석이 줄 밖으로 빠져나가는 것을 막는다.

5.

실크 줄에 은볼 → 가넷 3개 → 은볼을 순서대로 꿴다.

6.

5에서 꿴 장식이 움직이지 않도록 양쪽에 매듭을 짓는다. 이때, 장식들이 줄의 정 가운데에 오도록 하는 것이 중요하다. 1처럼 실크 줄을 반으로 접어서 가운데 지점을 파악하면 쉽다.

7.

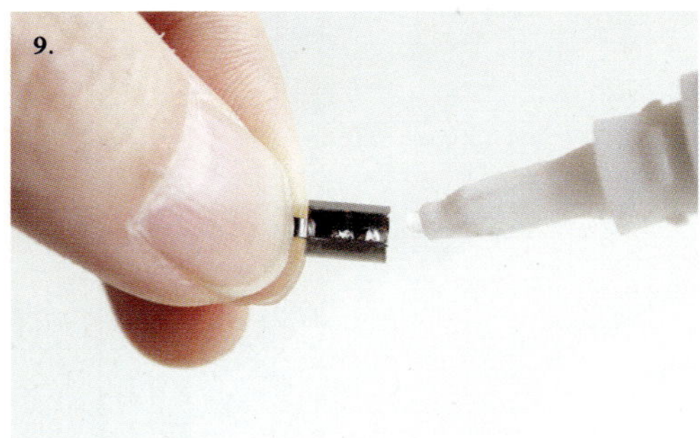

핀에 록타이트 401을 묻혀 매듭 위에 살짝 바른다. 매듭이 풀리지 않고 튼튼하게 마무리된다.

8.

가죽 줄과 실크 줄을 겹쳐 잡고, 줄 끝의 높이를 맞춘 뒤 두 줄을 접착제로 붙인다.

9.

클램프 안쪽에 젤 접착제를 살짝 바른다. 너무 많이 바르면 이후 클램프를 닫을 때 새어나오니 주의한다.

10.

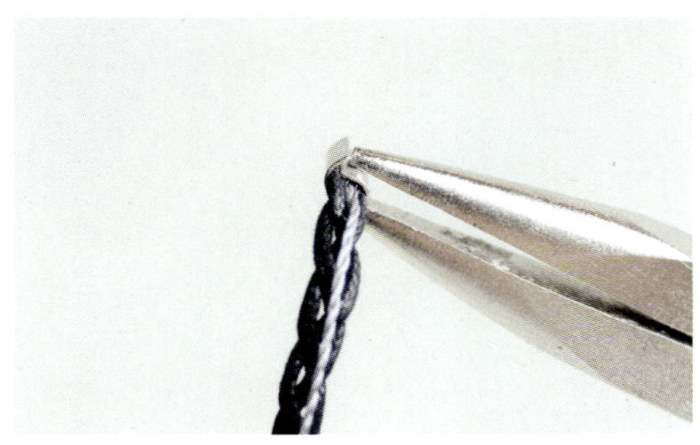

8을 클램프 안에 넣는다. 클램프 위로 줄이 삐져나오지 않도록 줄 위에 여백을 살짝 남기고 넣는다.

11.

평집게로 클램프를 꼼꼼히 닫는다.

12.

클램프 끝에 O링을 달고 SR 장식을 연결한다.

13.

반대쪽에도 **8~11**을 똑같이 해주고, 이쪽 클램프에는 O링과 연장 체인을 연결한다.

14.

취향에 따라 A바를 달아도 좋다.

15.

완성!

초커가 잘 보이도록 목 부분이 살짝 파인 옷차림을 추천합니다.
초커의 색과 질감에 맞춰, 검은색 티셔츠와 무스탕으로 코디한 날
착용해도 무척 잘 어울릴 거예요.

| Level 3 | # Winter Necklace | 디자인적 요소로
체인 활용하기 |

펜던트 : 별빛 펜던트, 1개

　　　　미니 다이아몬드 모양 펜던트, 2개

커넥터 : 네모 큐빅 커넥터, 2개

C링 : 굵기 0.5mm, 1개

O링 : 굵기 0.6mm, 지름 3mm, 5개

체인 : 길이 120mm-2개, 길이 160mm-1개,

　　　길이 170mm-2개

연장 체인 : 길이 30mm, 1개

SR 장식과 A바 : 1쌍

어떤 소재든 괜찮지만, 여기서 쓰인 펜던트와 커넥터가 백금 도금
황동이기 때문에 무(無)니켈 백금 도금 황동을 추천한다

460mm

겨울 목걸이

조금 색다른 목걸이를 만들어볼 순 없을까? 고민 끝에 탄생한 목걸이입니다.

쇄골로 떨어지는 체인이 화려하고 우아한, 특별한 디자인의 목걸이죠.

특히 어깨가 드러난 드레스와 잘 어울립니다.

연말 파티에서 멋진 옷과 목걸이로 사람들의 시선을 사로잡아보세요.

1.

먼저 길이 170mm 체인 두 개를 준비한다. 두 170mm 체인 끝에 O링으로 미니 다이아몬드 펜던트를 달아준 뒤 잠시 옆으로 밀어둔다.

2.

120mm 체인 → 네모 큐빅 커넥터 → 160mm 체인 → 네모 큐빅 커넥터 → 120mm 체인을 순서대로 연결힐 차례다. 먼저, 120mm 체인 하나의 끝에 네모 큐빅 커넥터를 연결한다.

3.

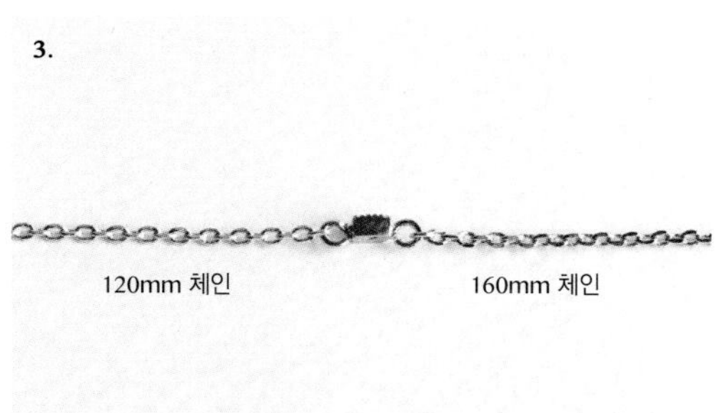

네모 큐빅 커넥터의 반대편 고리에 160mm 체인 한쪽을 달고, 커넥터의 고리를 평집게로 꼼꼼히 닫는다.

4.

별빛 모양 펜던트를 O링에 연결할 차례다. 펜던트에 달린 고리를 평집게로 꼼꼼히 닫은 뒤 고리에 O링을 연결한다. 이 O링도 꼼꼼히 닫는다.

5.

160mm 체인에 **4**를 통과시킨다.

6.

160mm 체인의 끝에 다시 네모 큐빅 커넥터를 연결한다.

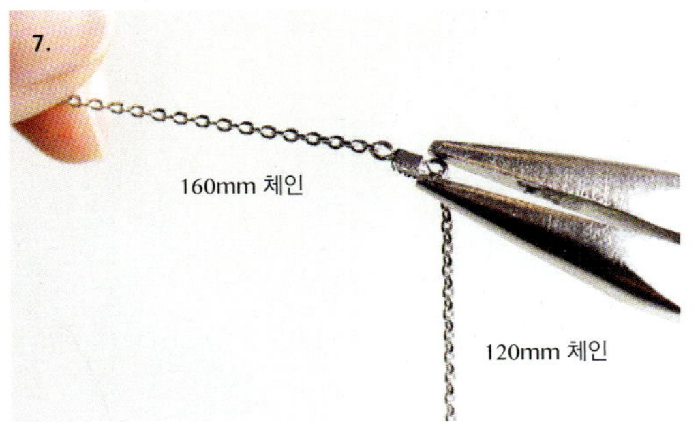

이번에는 네모 큐빅 커넥터의 반대편 고리에 120mm 체인 한쪽을 연결한다.

한쪽 체인 끝에 C링으로 SR 장식을 단다. 아직 C링을 닫지 않는다.

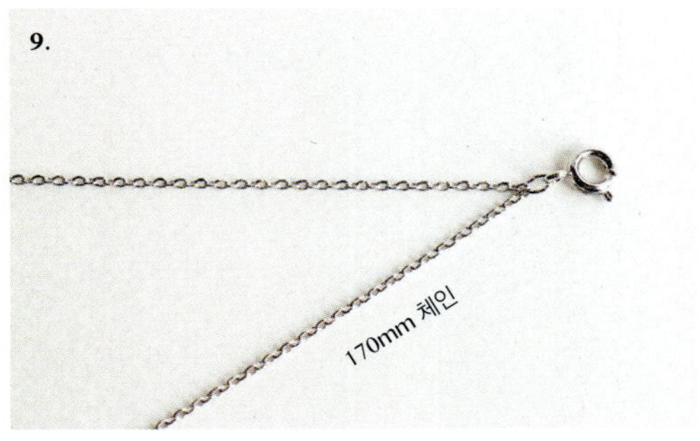

C링에 **1**에서 만들어 두었던 170mm 체인 하나를 함께 끼운다. 이제 C 링을 닫는다.

반대편 체인의 끝에도 O링을 달아준다. 연결 후 **1**에서 만들었던 170mm 체인 하나와 연장체인을 O링에 끼운다. 연장체인의 끝은 취향에 따라 O링 이나 A바로 마무리한다.

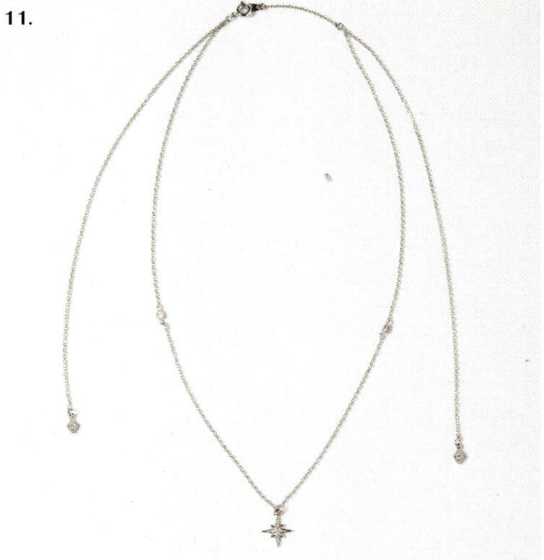

완성!
Tip | 목걸이를 착용했을 때 모든 펜던트와 커넥터가 정면을 향하고 있는 지 확인한다.

목 언저리가 잘 드러나는 옷일수록 이 목걸이의 매력이 살아납니다.
목 부분이 넓게 파인 니트 상의와 매치해 겨울 분위기를 한껏 내보세요.

4. Q & A

질문과 답변

All About Accessories

Q. 원석은 어디서 구매하나요?

A. 원석은 오프라인과 온라인에서 자유롭게 구매할 수 있는데, 각각의 구매처마다 장단점이 다릅니다. 오프라인에서 구매할 경우에는 직접 눈으로 보고 구매할 수 있어 좋지만 의외로 아주 고품질의 원석을 만나보기는 어려울 때가 있습니다. 반면에 온라인에서 구매할 경우, 질이 좋고 훌륭한 원석들을 구매할 수 있지만 실제로 보고 구매하는 것이 아니기 때문에 크기나 색깔, 느낌 등이 생각했던 것과 사뭇 다를 수 있습니다.

오프라인 판매처로는 동대문 종합시장 5층과 남대문 남정상가를 추천합니다. 동대문 종합시장에서는 원석을 줄 단위로는 물론, 낱개로도 구매할 수 있어 필요한 만큼만 살 수 있다는 것이 장점입니다. 원석의 종류도 아주 많습니다. 반면에 남대문 남정상가는 주로 원석을 한 줄(약 33~35cm)에 수십 개씩 엮어 줄 단위로 판매하기 때문에 가격대가 높은 편입니다. 소량의 원석이 필요하다면 동대문을, 많은 양의 원석이 필요하다면 남대문을 추천합니다.

온라인에는 매우 다양한 판매처가 있습니다. 포털사이트에서 '원석'이라고 검색하면 나오는 많은 홈페이지들마다 각기 다른 원석들을 취급하니 시간이 날 때마다 둘러보면 '나만의 액세서리'를 만들 원석을 발견할 수 있을 것입니다. 개인적으로 추천하는 곳은 엔조이비즈gemmarket.co.kr입니다. 품질이 좋고 하루 종일 봐야할 만큼 많은 양의 원석을 소개하는 곳입니다. 업데이트가 꾸준하다는 것 또한 장점입니다. 흔히 접하기 힘든 카보숑까지 갖추고 있으니 보면서 많은 영감을 얻으시길 바랍니다. 비즈담beadsdam.com도 추천합니다. 이곳도 상당히 고품질의 원석을 갖추고 있으며, 카보숑 또한 많습니다. 다만 두 사이트 모두 고급 원석을 취급하다 보니 가격대가 높은 편입니다. 낱개 원석은 하나당 1,000 ~ 1만 원 이상이며, 줄 단위는 2,000원부터 수십만 원까지 다양한 가격대로 선보이고 있습니다. 이외에도 비즈조이beadsjoy.co.kr , 루비스rubys.co.kr 등도 둘러보시기 바랍니다. 줄 단위 판매가 많은 편인데, 사고 싶은 원석이 줄 단위로만 판매될 경우에는 취미를 공유하는 친구와 함께 구매해 나누는 방법도 좋습니다.

동대문 종합시장 5층

오프라인 매장은 다양한 원석을 눈으로 직접 볼 수 있다는 장점이 있다. 사진은 동대문 종합시장 5층의 원석 판매처 수작.

Q. 금속류(체인을 비롯한 각종 부속품)는 어디서, 어떻게 구매하나요?

	Where to buy	Tip
은	동대문 종합시장 또는 온라인 구매 추천	무(無)니켈 도금된 은은 온라인 구매 추천 단가가 높고 수량이 적은 편
서지컬 스틸	동대문 종합시장 구매 추천	
무(無)니켈 도금 황동	온라인 구매 추천	
도금 황동	동대문 종합시장 또는 온라인 구매 추천	니켈이 포함된 저렴한 도금 제품은 금방 벗겨져 알레르기를 유발할 수 있으니 연습 시 사용을 추천

A. 금속류 재료는 동대문 종합시장과 여러 온라인 쇼핑몰에서 구매할 수 있습니다.
그러나 무(無)니켈 도금(알레르기 유발과 변색을 방지하고 반짝임을 더하기 위해 사용)된 은이나
황동 제품은 동대문 종합시장에서는 찾아보기 어렵습니다. 무(無)니켈 도금 재료는 온라인
구매를 추천합니다.
체인은 1마(90cm) 또는 1m(100cm) 단위로 판매됩니다. 만들려는 액세서리의 종류에 따라
필요한 체인의 길이가 각각 다르므로, 필요한 만큼 계산해서 구매하는 것이 좋습니다.
핀과 링 종류(T핀, 9핀, C링, O링)는 묶음 판매가 일반적입니다. 무(無)니켈 도금 황동 제품
기준으로 한 봉지에 200-300개가 들어있습니다. 한 번 구매하여 두고두고 쓰기 좋습니다.
반면, 은과 같은 비싼 금속의 경우에는 10-30개 단위로 판매가 됩니다. 수량도 적고 비싼 편입니다.

Q. 디자인을 할 때 어디에서 영감을 받나요?
A. 가장 많은 아이디어가 떠오르는 시간은 원석을 보고 있을 때입니다. 크기별, 색상별, 형태별로
다양한 수천 가지의 원석들을 보고 있으면 이 원석과 저 원석이, 이 원석과 어떤 체인이 잘
어울리겠다는 생각이 머릿속에 떠다니기 시작합니다. 대략적인 밑그림이 그려지면 가능한 많은
사이트를 통해 다양한 색상과 모양의 원석을 보며 아이디어를 구체화합니다. 같은 원석이라고 해도
원산지에 따라 색상이 다르기 때문에 가장 마음에 드는 액세서리를 만들기 위해서는 많은 사이트를
보는 것이 도움이 됩니다. 여러분들도 수많은 원석을 보다 보면 자연스레 좋아하는 원석의 색과
형태에 대한 감이 잡히기 시작하실 거예요. 손품, 발품을 파는 것이 가장 좋습니다.

Q. 양쪽 9자말이 집게, 바늘평집게가 꼭 필요할까요?

A. 액세서리를 만들다 보면 한 번씩 하게 되는 질문입니다. 꼭 필요한 도구는 아닌 것 같은데,
내가 과연 이걸 쓰게 될까 고민이 되기 마련이지요.
양쪽 9자말이 집게부터 이야기하자면, 한쪽 9자말이 집게로 마는 것이 숙련되었을 경우에는
이 집게가 굳이 필요 없습니다. 어떤 사람들은 양쪽 9자말이 집게가 한쪽 9자말이 집게보다
더 편리하다고 하는데, 이는 사람에 따라 달라지는 문제기 때문에 내게 이미 잘 맞는 것이 있다면
굳이 바꿀 필요는 없습니다. 저 또한 한쪽 9자말이 집게를 잘 사용하다가 호기심에 양쪽 9자말이
집게를 사용해보았는데, 오히려 9자말이를 할 때 집게 자국이 더 많이 남고 다루기가 어려웠습니다.
한쪽 9자말이 집게 사용에 큰 불편이 없다면 양쪽 9자말이 집게를 구매할 필요는 없다고 생각합니다.
바늘평집게 또한 필요 여부가 사람에 따라 다릅니다. 제 경우에는 얇은 체인을 선호하다 보니
O링이나 C링을 체인의 내경에 통과시키기 위해서는 바늘평집게가 필수적입니다. 하지만
적당히 굵은 체인을 사용하고, 그 체인이 O링 혹은 C링을 통과시키는데 무리가 없는 내경을
가지고 있다면 바늘평집게는 필요하지 않습니다.

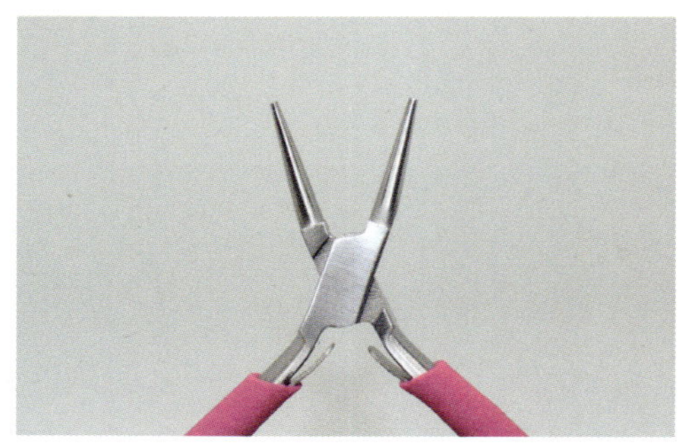

양쪽 9자말이 집게

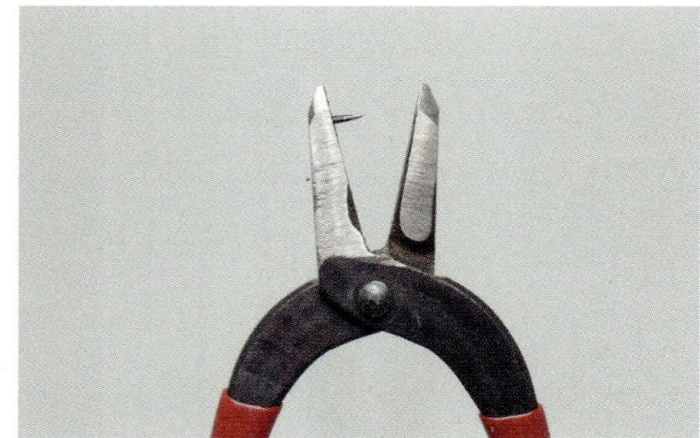

바늘평집게

Q. 접착제 록타이트를 사용하고 나면 되돌릴 방법은 없을까요?

A. 우레탄 줄로 팔찌를 만들다가 원석 안에서 매듭을 잘못 지어 다시 만들어야 하는 경우, 록타이트로
꽉 막혀버린 원석 구멍을 새것처럼 뚫고 싶을 때 특효약이 있습니다. 매니큐어 제거용 아세톤입니다.
(우레탄 줄을 다 잘라내도 록타이트 때문에 원석 안에 남아있는 매듭이 빠져나오지 않을 때 사용하는
방법입니다.) 우레탄 줄을 짧게 잘라내고(사진 **1**), 원석의 구멍 안에 아세톤을 충분히 부어줍니다(사진 **2**).
이후 튼튼한 T핀 등으로 계속해서 매듭을 구멍 쪽으로 밀어내면 어느새 매듭이 빠져나옵니다(사진 **3**).

한 번에 되는 것은 아니기 때문에 끈기를 가지고 계속해서 밀어내는 인내심이 필요합니다. 다시
원석을 사용하기 위해서는 구멍 안에 남는 잔해가 없도록 꼼꼼히 처리해주세요. 또한 원석 표면에
록타이트가 묻었을 때는 면봉에 아세톤을 묻혀 살살 문질러 닦아내면 말끔히 사라집니다. 매니큐어
제거용으로 희석된 아세톤을 사용하거나 약국에서 아세톤 원액을 구매하신 뒤 희석해서 사용하세요.

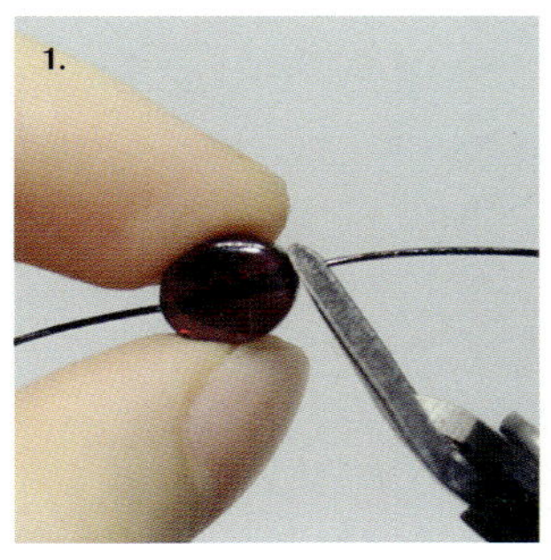
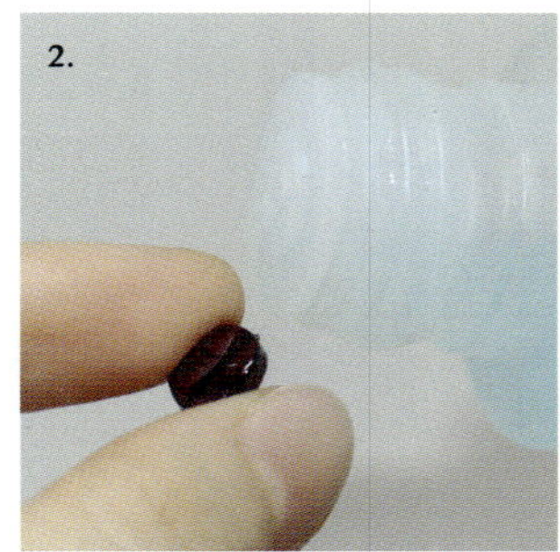

Q. 반지 사이즈를 줄이고 싶어요.

A. 골드 침수정 반지의 경우에는 니퍼를 이용해 와이어를 원하는 만큼 자르고 다시 만들면 됩니다.
하지만 그린 오닉스 반지처럼 원석 안에 접착제로 와이어를 부착한 경우에는 접근 방법이 다릅니다.
접착제를 녹여서 와이어를 꺼내야 하기 때문에 아세톤이 필요합니다. 원석과 와이어가 접착제로
붙어있는 부분에 아세톤을 떨어뜨리고 와이어를 상하좌우로 살살 흔들며 빼냅니다. 평집게 등을
사용해 힘을 주어 빼면 와이어가 찌그러질 수 있기 때문에 손으로 하는 것이 좋습니다.
한 번에 뽑기보다는 꾸준히 흔들어야 합니다. 와이어가 빠져나오면 줄이고 싶은 만큼 니퍼로
와이어를 자른 뒤 다시 접착제를 이용해 원석의 구멍 안에 부착하면 됩니다.

Q. 원석에 직접 구멍을 뚫으려면 어떻게 해야 하나요?

A. 간혹 액세서리를 만들다보면 원하는 곳에 직접 구멍을 뚫고 싶을 때가 있습니다.
그렇지만 직접 구멍을 뚫는 일은 쉬운 일이 아닙니다. 먼저 원석을 뚫는 전동 드릴이 있어야 하고,
준비가 되었다 하더라도 정교하게 뚫을 수 있는 숙련된 기술이 필요합니다. 원석은 여차하면 깨지기
쉽기 때문입니다. 정 구멍을 뚫고 싶다면, 동대문 등에서 원석에 구멍을 뚫어줄 수 있는 업체를
찾아 의뢰하는 것이 가장 좋습니다.

Q. 원석이 금속으로부터 떨어질 때는 어떻게 하나요?

A. 원석이 떨어지는 까닭에는 몇 가지 원인이 있습니다.

먼저, 알맞지 않은 접착제를 사용했을 가능성입니다. 록타이트 401을 금속에 사용하는 경우가

그 예입니다. 액체처럼 묽은 록타이트 401은 금속에 원석을 붙이는 경우에 쓰게 되면 접착제가

오래가지 않아 얇은 막을 형성하며 떨어집니다. 록타이트 401의 접착 원리는 울퉁불퉁한 부착 표면의

수분을 흡수해 딱딱하게 굳어지는 것인데, 원석과 금속의 표면은 매끄러워 수분을 지닐 틈이 없기

때문입니다. 그러므로 금속과 원석을 붙일 때는, 고무가 들어있어 탄력과 입체감이 있는 젤 형태의

접착제를 사용하는 것이 알맞습니다.

이 외에, 접착제의 접착력 자체가 약한 경우에도 쉽게 떨어질 수 있습니다. 그럴 때는 부착면의

표면을 깨끗이 닦고(필요하다면 소독용 에탄올로 닦아주는 것도 좋습니다. 기름기 등 손에 묻은

이물질도 말끔히 제거해주세요) 보다 튼튼한 접착제를 사용하면 됩니다.

Q. 액세서리를 녹슬지 않게 보관하는 방법이 있을까요?

A. 예방법으로는 착용 후 물이나 땀 등을 닦아내고 직사광선이 없는 곳에 보관하는 방법이 있습니다.

특히 은은 도금이나 코팅이 되지 않은 경우, 공기 중에 노출되는 것만으로도 변색이 되므로 은 제품은

착용 후 더욱 신경 써서 닦은 뒤 지퍼 백에 담아 보관하는 것이 좋습니다.

Q. 액세서리 금속 부분이 변색되었어요.

A. 변색이 되었다는 생각이 들면 그 부분을 은 세척제로 닦아주는 것이 효과가 있습니다.

은 세척제가 없다면, 립스틱으로 변색된 부분을 닦는 것도 좋습니다.

(립스틱을 천에 묻힌 뒤(사진 **2**) 묻힌 면을 변색된 곳에 닦아주는(사진 **3**) 방법이 좋습니다.)

립스틱의 안료가 연마제와 같은 역할을 하기 때문입니다. 이 방법을 사용할 때는,

액세서리에 립스틱이 묻어나지 않도록 남김없이 꼼꼼히 닦아내는 것이 중요합니다.

끓는 물에 베이킹 소다를 섞고 그 안에 잠시 액세서리를 담가두는 방법도 도움이 됩니다.

다만, 원석이 액세서리에 붙어있다면 뜨거운 물을 이용하는 방법은 추천하지 않습니다.

원석이 떨어지거나 변형될 우려가 있기 때문입니다.

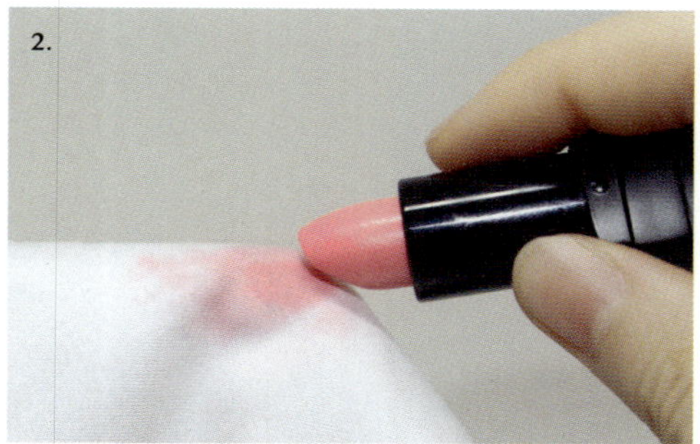

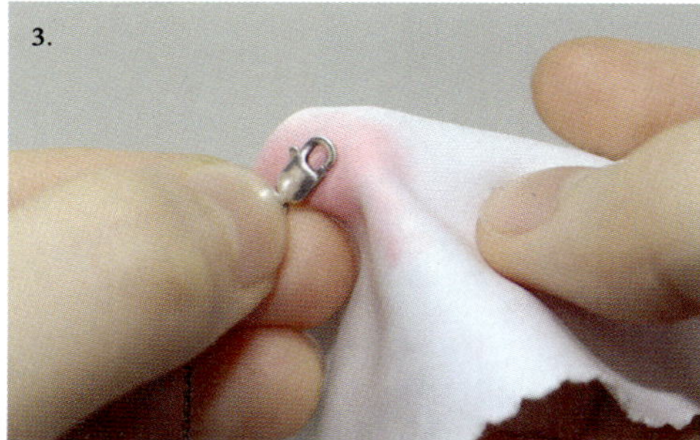